出版说明

1928年，国民党北伐完成，形式上统一了中国，开始进入所谓的“训政”时期。1929年3月，国民党上海党部提出名为《严厉处置反革命分子》的议案，“只凭党部的一纸证明，便须定罪处刑”，更为可笑的是，“在这个人权被剥夺几乎没有丝毫余剩的时候”，4月，国民政府还装模做样地出台了一道“保障人权令”。这类事件激怒了胡适、梁实秋等著名学者。他们以《新月》杂志为基地，发起了一场轰轰烈烈的反对国民党专制统治的人权运动(《人权与约法》一文发表于1929年4月《新月》杂志第2卷第2号)，抨击国民党政府的专制统治体制，反对“训政”，维护自由，要求尽快落实“宪政”。他们发表的文章在社会上引起轩然大波，震动了文化思想界，许多学者先后卷入其中，参与论争，前后历时一年半左右。

最终的结局是：面对保守势力的围攻与国民党统治者的

暴力专横，新月同仁不得不妥协退让，偃旗息鼓。1930年1月，《人权论集》由新月书店结集出版，5月即被密令查禁；1930年11月，罗隆基被抓捕，经胡适活动后被释放，随后胡适离开上海，避走北京；1931年7月底，新月书店被查抄，没收《人权论集》及《新月》杂志。

这场人权运动虽然带有一定程度的文人意气，并以失败告终，但却是中国宪政史上意义深远的一个标志性事件。作为这场运动的原始材料记录，《人权论集》一书具有非常独特的历史意义，非常值得今天的国人重新了解阅读。

从《人权论集》被查禁至今，已经过了八十多年，一般读者对《人权论集》一书以及那场运动已经一无所知。而且世易时移，当时的社会现实与现在已经大有不同，书中所讨论的话题与作者的观点，有的已经不具有现实意义。但是，我们认为，《人权论集》作为特殊历史时期的一笔珍贵精神财富，其中蕴含的时代风范与史料价值，仍然值得当下的读者回味。胡适先生的思想近年来广受学界的重视，本书作为反映其政治思想的重要著作，也颇有学术研究价值。出于这种认识，我们决定以中文简体字重新再版《人权论集》一书，以馈读者之需。

需要特别说明的是，编者在正文的末尾增补了梁实秋的两篇文章：《孙中山先生论自由》和《思想自由》。这两篇文章发表于“人权运动”时期的《新月》杂志，也是这场运动的重要文章，与本书的主题密切相关，故一并呈现。编者还特别收集了若干论争对手的反驳文章、政府当局的文书法令，以及胡适关于这次论争的书信，作为周边材料附编于正文之后，以便体现那场论争的多元性、复杂性，让读者一窥那段历史的全貌。为了更好地保留时代特色，书中的外文专有名词译法大多保留原样，未做改动，编者仅择其重要者连同书中提到的若干近现代史重要的人事物，做了一些脚注，略作补充解释。这三个部分为本书1930年首次出版时所无，是编者以一己之意加入的新内容，权作本次再版的一点特色。

如果《人权论集》的重新出版能让书友读有所得，作为出版者，我们不胜荣幸！

小 序

这几篇文章讨论的是中国今日人人应该讨论的一个问题——人权问题。前三篇讨论人权与宪法。第四篇论我们要的是什么人权。第五六篇讨论人权中的一个重要部分——思想和言论的自由。第七篇讨论国民党中的反动思想，希望国民党的反省。第八篇讨论孙中山的知难行易说。这两篇只是“思想言论自由”的实例：因为我们所要建立的是批评国民党的自由和批评孙中山的自由。上帝我们尚且可以批评，何况国民党与孙中山？

第九篇与第十篇讨论政治上两个根本问题，收在这里做个附录。

周栎园《书影》里有一则很有意味的故事：

昔有鹦鹉飞集陀山。山中大火，鹦鹉遥见，入水濡羽，飞而洒之。

天神言："尔虽有志意，何足云也？"对曰："尝侨居是山，不忍见耳。"

今日正是大火的时候，我们骨头烧成灰终究是中国人，实在不忍袖手旁观。我们明知小小的翅膀上滴下的水点未必能救火，我们不过尽我们的一点微弱的力量，减少良心上的一点谴责而已。

十八，十二，十三，胡适。

目录

胡适

人权与约法

四月二十日国民政府下了一道保障人权的命令，全文是：

> 世界各国人权均受法律之保障。当此训政开始，法治基础亟宜确立。凡在中华民国法权管辖之内，无论个人或团体均不得以非法行为侵害他人身体，自由，及财产。违者即依法严行惩办不贷。着行政司法各院通饬一体遵照。此令。

在这个人权被剥夺几乎没有丝毫余剩的时候，忽然有明令保障人权的盛举，我们老百姓自然是喜出望外。但我们欢喜一阵以后，揩揩眼镜，仔细重读这道命令，便不能不感觉大失望。失望之点是：

第一，这道命令认“人权”为“身体、自由、财产”三项，但这三项都没有明确规定。就如“自由”究竟是哪种自由？

又如“财产”究竟受怎样的保障？这都是很重要的缺点。

第二，命令所禁止的只是“个人或团体”，而并不曾提及政府机关。个人或团体固然不得以非法行为侵害他人身体自由及财产，但今日我们最感觉痛苦的是种种政府机关或假借政府与党部的机关侵害人民的身体自由及财产。如今日言论出版自由之受干涉，如各地私人财产之被没收，如近日各地电气工业之被没收，都是以政府机关的名义执行的。四月二十日的命令对于这一方面完全没有给人民什么保障。这岂不是“只许州官放火，不许百姓点灯”吗？

第三，命令中说，“违者即依法严行惩办不贷”，所谓“依法”是依什么法？我们就不知道今日有何种法律可以保障人民的人权。《中华民国刑法》固然有“妨害自由罪”等章，但种种妨害若以政府或党部名义行之，人民便完全没有保障了。

果然，这道命令颁布不久，上海各报上便发现“反日会[①]的活动是否在此命令范围之内”的讨论。日本文的报纸以为这命令可以包括反日会（改名救国会）的行动；而中文报纸如时事新报畏垒先生的社论则以为反日会的行动不受此命令的制裁。

岂但反日会的问题吗？无论什么人，只须贴上“反动分

---

① 1928年5月“济南惨案”之后，中国各地纷纷出现名为“反日会”的民众组织。反日会抵制日货，要求国民政府“恢复民众运动”，实行“革命外交”政策，力求公正解决“济案”和废除中日不平等条约等。反日会在对日经济绝交运动和国民政府对日交涉过程中有过激行为，但也体现了维护国家主权和民族利益的立场。（本书所有脚注均为编者所加）

子”、“土豪劣绅”、“反革命”、“共党嫌疑”等等招牌，便都没有人权的保障。身体可以受侮辱，自由可以完全被剥夺，财产可以任意宰割，都不是“非法行为”了。无论什么书报，只须贴上“反动刊物”的字样，都在禁止之列，都不算侵害自由了。无论什么学校，外国人办的只须贴上“文化侵略”字样，中国人办的只须贴上“学阀”、“反动势力”等等字样，也就都可以封禁没收，都不算非法侵害了。

我们在这种种方面，有什么保障呢?

我且说一件最近的小事，事体虽小，其中含着的意义却很重要。

三月二十六日上海各报登出一个专电，说上海特别市党部代表陈德征先生在三全大会提出了一个《严厉处置反革命分子案》。此案的大意是责备现有的法院太拘泥证据了，往往使反革命分子容易漏网。陈德征先生提案的办法是：

> 凡经省党部及特别市党部书面证明为反革命分子者，法院或其他法定之受理机关应以反革命罪处分之。如不服，得上诉。唯上级法院或其他上级法定之受理机关，如得中央党部之书面证明，即当驳斥之。

这就是说，法院对于这种案子，不须审问，只凭党部的一纸证明，便须定罪处刑。这岂不是根本否认法治了吗?

我那天看了这个提案，有点忍不住，便写了封信给司法院长王宠惠博士，大意是问他“对于此种提议作何感想”，并且问他“在世界法治史上，不知在哪一世纪，哪一个文明民族曾经有这样一种办法，笔之于书，立为制度的吗？”

我认为这个问题是值得大家注意的，故把信稿送给国闻通信社发表。过了几天，我接得国闻通信社的来信，说：

> 昨稿已为转送各报，未见刊出，闻已被检查者扣去。兹将原稿奉还。

我不知道我这封信有什么军事上的重要而竟被检查新闻的人扣去。这封信是我亲自负责署名的。我不知道一个公民为什么不可以负责发表对于国家问题的讨论。

但我们对于这种无理的干涉，有什么保障呢？

又如安徽大学的一个学长，因为语言上挺撞了蒋主席，遂被拘禁了多少天[①]。他的家人朋友只能到处奔走求情，决不能到任何法院去控告蒋主席。只能求情而不能控诉，这是人治，不是法治。

又如最近唐山罢市的案子，其起源是因为两益成商号的经理杨润普被当地驻军指为收买枪枝，拘去拷打监禁。据四月二十八日大公报的电讯，唐山总商会的代表十二人到一百五十二旅去请求释放，军法官不肯释放。代表等辞出时，

---

① 1928年，安徽发生了一场学潮，安徽大学校长刘文典奉命向蒋介石当面说明情况。会面时刘文典言语上顶撞了蒋介石，继而两人发生肢体冲突，蒋打了刘两个耳光，刘踢了蒋肚子一下，后刘文典被以《治安条例》打架斗殴论处，拘禁7日。由此，天下人皆知狂士刘文典之大名。

正遇兵士提杨润普入内，“时杨之两腿已甚臃肿，并有血迹，周身动转不灵，见代表等则欲哭无泪，语不成声，其凄惨情形，实难尽述。”但总商会及唐山商店八十八家打电报给唐生智，也只能求情而已；求情而无效，也只能相率罢市而已。人权在哪里？法治在哪里？

我写到这里，又看见五月二日的大公报，唐山全市罢市的结果，杨润普被释放了。“但因受刑过重，已不能行走，遂以门板抬出，未回两益成，直赴中华医院医治。”大公报记者亲自去访问，他的记载中说：

> ……见杨润普前后身衣短褂，血迹模糊。衣服均粘于身上，经医生施以手术，始脱下。记者当问被捕后情形，杨答，苦不堪言，曾用旧时惩治盗匪之压杠子，余实不堪其苦。正在疼痛难忍时，压于腿上之木杠忽然折断。旋又易以竹板，周身抽打，移时亦断。时刘连长在旁，主以铁棍代木棍。郑法官恐生意外，未果。此后每讯必打，至今周身是伤。据医生言，杨伤过重，非调养三个月不能复原。

这是人权保障的命令公布后十一日的实事。国民政府诸公对于此事不知作何感想？

我在上文随便举的几件实事，都可以指出人权的保障和法治的确定决不是一纸模糊命令所能办到的。

法治只是要政府官吏的一切行为都不得逾越法律规定的权限。法治只认得法律，不认得人。在法治之下，国民政府的主席与唐山一百五十二旅的军官都同样的不得逾越法律规定的权限。国民政府主席可以随意拘禁公民，一百五十二旅的军官自然也可以随意拘禁拷打商人了。

但是现在中国的政治行为根本上从没有法律规定的权限，人民的权利自由也从没有法律规定的保障。在这种状态之下，说什么保障人权！说什么确立法治基础！

*　　*　　*　　*　　*

在今日如果真要保障人权，如果真要确立法治基础，第一件应该制定一个中华民国的宪法。至少，至少，也应该制定所谓训政时期的约法。

孙中山先生当日制定《革命方略》时，他把革命建国事业的措施程序分作三个时期：

第一期为军法之治（三年）

第二期为约法之治（六年）……“凡军政府对于人民之权利义务，及人民对于军政府之权利义务，悉规定于约法。军政府与地方议会及人民各循守之。有违法者，负其责任。……”

第三期为宪法之治。

《革命方略》成于丙午年（1906），其后续有修订。至民国八年中山先生作《孙文学说》时，他在第六章里再三申说“过渡时期”的重要，很明白地说“在此时期，行约法之治，以训导民人，实行地方自治。”至民国十二年一月，中山先生作《中国革命史》时，第二时期仍名为“过渡时期”，他对于这个时期特别注意。他说：

> 第二为过渡时期。在此时期内，施行约法（非现行者），建设地方自治，促进民权发达。以一县为自治单位，每县于散兵驱除战事停止之日，立颁约法，以规定人民之权利义务，与革命政府之统治权。以三年为限，三年期满，则由人民选举其县官。……革命政府之对于此自治团体只能照约法所规定而行其训政之权。

又过了一年之后，当民国十三年四月中山先生起草《建国大纲》时，建设的程序也分作三个时期，第二期为“训政时期”。但他在《建国大纲》里不曾提起训政时期的“约法”，又不曾提起训政时期的年限，不幸一年之后他就死了，后来的人只读他的《建国大纲》，而不研究这“三期”说的历史，遂以为训政时期可以无限地延长，又可以不用约法之治，这是大错的。

中山先生的《建国大纲》虽没有明说“约法”，但我们研究他民国十三年以前的言论，可以知道他决不会相信统治这样一个大国可以不用一个根本大法的。况且《建国大纲》里遗漏的东西多着哩。如二十一条说“宪法未颁布以前，各院长皆归总统任免”，是训政时期有“总统”，而全篇中不说总统如何产生。又如民国十三年一月国民党第一次代表大会宣言已有“以党为掌握政权之中枢”的话，而是年四月十二中山先生草定《建国大纲》全文二十五条中没有一句话提到一党专政的。这都可见《建国大纲》不过是中山先生一时想到的一个方案，并不是应有尽有的，也不是应无尽无的。大纲所有，早已因时势而改动了。（如十九条，五院之设立在宪政开始时期，而去年已设立五院了。）大纲所无，又何妨因时势的需要而设立呢?

我们今日需要一个约法，需要中山先生说的“规定人民之权利义务与革命政府之统治权”的一个约法。我们要一个约法来规定政府的权限——过此权限，便是“非法行为”。我们要一个约法来规定人民的“身体，自由，及财产”的保障——有侵犯这法定的人权的，无论是一百五十二旅的连长或国民政府的主席，人民都可以控告，都得受法律的制裁。

我们的口号是：

快快制定约法以确定法治基础！

快快制定约法以保障人权！

十八，五，六。

胡适

“人权与约法”的讨论

《人权与约法》一篇文字发表以来，国内外报纸有转载的，有翻译的，有作专文讨论的。在这四五十日之中，我收到了不少的信，表示赞成此文的主张。我们现在发表几篇应该提出讨论的通信，略加答复。其他仅仅表示赞成的通信，我们虽然感谢，只因篇幅有限，恕不能一一披露了。

胡适

（一）

适之先生：

拜读大作《人权与约法》第七页第四行“……是训政时期有总统”。对于训政两字，觉得有点疑问；以《建国大纲》条文本身看去，是在宪政时期才有总统。第十六条云，“凡一省全数之县皆达完全自治者，则为宪政开始时期。……”第二十五条云，“宪法颁布之日，即为宪政告成之时。……”这可见得建国大纲所规定之宪政时期，尚无宪法。再以第十九条“在宪政时期，中央政府当完成设立五院……”可证明五院制是应该在宪政时期试行的，“各院长皆归总统任免”是宪政时期之总统。专此修函商榷，是否请赐教言，尤深感激。并请文安。

后学汪羽军鞠躬

汪先生指出的错误，我很感谢，他指出一个重要之点，就是“《建国大纲》所规定之宪政时期，尚无宪法。”最好的证据是《建国人纲》第二十二条：“宪法草案当本于《建国大纲》及训政宪政两时期之成绩”。草案须根据于宪政时期的成绩，可见宪政时期尚无宪法。

但我们仔细看大纲的全文，不能不说第二十二条所谓“宪政时期”只是“宪政开始时期”的省文。在此时期，在宪法颁布之前，有五院，有各部，有总统，都无宪法的根据。则二十一条所谓“总统”仍是革命军政时代所遗留的临时政府的总统。我原文所谓“训政时期有总统”，似乎也不算误解中山先生的原意罢?

中山先生的根本大错误在于认训政与宪法不可同时并立。此意我已作长文讨论，载在本期的《新月》。

中山先生不是宪法学者，故他对于“宪政”的性质颇多误解。如大纲第二十五条说："宪法颁布之日，即为宪政告成之时。"这是绝大的错误。宪法颁布之日只是宪政的起点，岂可算作宪政的告成？宪法是宪政的一种工具，有了这种工具，政府与人民都受宪法的限制，政府依据宪法统治国家，人民依据宪法得着保障。有逾越法定范围的，人民可以起诉，监察院可以纠弹，司法院可以控诉。宪法有疑问，随时应有解释的机关，宪法若不能适应新的情势或新的需要，应有修正的机关与手续。凡此种种，皆须靠人民与舆论时时留心监督，时时出力护持，如守财虏的保护其财产，如情人的保护其爱情，偶一松懈，便让有力者负之而走了。故宪法可成于一旦，而宪政永无"告成"之时。故中山先生之宪政论，我们不能不认为智者千虑之一失了。

（适）

（二）

适之先生足下：拜读《人权与约法》一文，具征拥护自由之苦心，甚佩甚佩。唯管见所及，不无异同之点，姑缕述如左，以就正于先生。

（一）清季筹备宪政，定期九年，所以不允即行立宪者，谓因人民参政能力之不足。今日破坏告成，军事结束，所以特定训政时期者，殆亦因民众程度幼稚，非经一番严格训练，未便即行交还政权耳。设在此训政期内，颁行约法，当然与民初之临时约法不同。临时约法系由临时参谋院制定公布，其中缺点虽多，尚有几分民意表现。今后颁行约法，不过如汉高入关之约法三章耳。人民应享之自由究有几何？

（二）民国十三年春，国民党改组，援俄意先例，揭橥以党治国。在宪法未颁以前，继续厉行党治，似无疑义。党治一日存在，则全国人民不论是否党员，对于党义政纲，应奉为天经地义，不得稍持异议。即使约法颁布，人民之言论出版仍须受严重限制。

（三）按照国民党第一次代表大会所定政纲，其中有对内政策第六项，载明人民有集会、结社、言论、出版、居住、信仰之完全自由权。他日制定约法，无论如何宽大，总不能超过对内政策第六项。苟欲恢复自由，虽不另定约法，按照第六项实行未尝不可。盖就目前政制言之，党纲法律似无多大区别也。若不实行，虽颁布约法，亦属徒然。

以上三点，是否有当？敬乞先生及海内贤达指正。

民国十八年六月二十七日

诸青来

诸先生提出的三点，都值得我们的注意。我们现在简单答复如下：

（一）现在我国人民只有暗中的不平，只有匿名的谩骂，却没有负责任的个人或团体正式表示我们人民究竟要什么自由。所以“人民应享的自由究有几何？”这个问题是全靠人民自己解答的。

（二）我们要一个“规定人民的权利义务与政府的统治权”的约法，不但政府的权限要受约法的制裁，党的权限也要受约法的制裁。如果党不受约法的制裁，那就是一国之中仍有特殊阶级超出法律的制裁之外，那还成“法治”吗？其实今日所谓“党治”，说也可怜，哪里是“党治”？只是“军人治党”而已。为国民党计，他们也应该觉悟宪法的必要。他们今日所争的，只是争某全会的非法，或某大会的非法，这都是他们关起门来的妯娌口角之争，不关我们国民的事，也休想得着我们国民的同情。故为国民党计，他们也应该参加约法的运动。须知国民的自由没有保障，国民党也休想不受武人的摧残支配也。

（三）约法即是国民党实行政纲的机会。政纲中对内政策第六条云：“确定人民有集会、结社、言论、出版、居住、信仰之完全自由权。”诸先生忽略了“确定”二字。政纲所主张的，载入了约法或法律，才是确定。不然，只不过一种主张而已。

（适）

胡适

我们什么时候才可有宪法？

——对于《建国大纲》的疑问

我在《人权与约法》（《新月》二卷二号）里，曾说：

> 中山先生的《建国大纲》虽没有明说"约法"，但我们研究他民国十三年以前的言论，知道他决不会相信统治这样一个大国可以不用一个根本大法的。

这句话，我说错了。民国十三年的孙中山先生已不是十三年以前的中山了。他的《建国大纲》简直是完全取消他以前所主张的"约法之治"了。

从丙午年（1906）的《革命方略》，到民国十二年（1923）的《中国革命史》，中山先生始终主张一个"约法时期"为过渡时期，要一个约法来"规定人民之权利义务，与革命政府之统治权。"

但民国十三年以后的中山先生完全取消这个主张了。试看他公布《建国大纲》的宣言说：

辛亥之役，汲汲于制定临时约法，以为可以奠民国之基础，而不知乃适得其反。论者见临时约法施行之后，不能有益于民国，甚至并临时约法之本身效力亦已消失无余，则纷纷然议临时约法之未善，且斤斤然从事于宪法之制定，以为藉此可以救临时约法之穷。曾不知症结所在，非由于临时约法之未善，乃由于未经军政、训政两时期，而即入于宪政。

他又说：

可知未经军政、训政两时期，临时约法决不能发生效力。

他又说：

军政时代已能肃清反侧，训政时代已能扶植民治，虽无宪政之名，而人人所得权利与幸福，已非口宪法而行专政者所可同日而语。

这是中山先生取消"约法之治"的理由。所以他在《建国大纲》里，便不提起"约法"了。

《建国大纲》里，不但训政时期没有约法，直到宪政开始时期也还没有宪法。如第二十二条云：

> 宪法草案当本于《建国大纲》及训政、宪政两时期之成绩，由立法院议订，随时宣传于民众，以备到时采择施行。

宪法草案既要根据于训政、宪政两时期的成绩，可见“宪政时期”还没有宪法。但细看大纲的全文，二十二条所谓“宪政时期”乃是“宪政开始时期”的省文。故下文二十三条说：

> 全国有过半数省份达至宪政开始时期，——即全省之地方自治完全成立时期，——则开国民大会决定宪法而颁布之。

这样看来，我们须要等到全国有过半数省份的地方自治完全成立之后，才可以有宪法。

*　　*　　*　　*　　*

我们要研究，中山先生为什么要这样延迟宪政时期呢？简单说来，中山先生对于一般民众参政的能力，很有点怀疑。他在公布宣言里曾说：

> 不经训政时代，则大多数人民久经束缚，虽

骤被解放，初不了知其活动之方式，非墨守其放弃责任之故习，即为人利用，陷于反革命而不自知。

他在《建国方略》里，说得更明白：

夫中国人民知识程度之不足，固无可隐讳者也。且加以数千年专制之毒深中乎人心，诚有比于美国之黑奴及外来人民知识尤为低下也。（第六章）

他又说：

我中国人民久处于专制之下，奴心已深，牢不可破。不有一度之训政时期，以洗除其旧染之污，奚能享民国主人之权利？（第六章）

他又说：

是故民国之主人者（国民），实等于初生之婴儿耳。革命党者，即产此婴儿之母也。既产之矣，则当保养之，教育之，方尽革命之责也。此《革命方略》之所以有训政时期者，为保养教育此主人成年而后还之政也。（第六章）

综合上文的几段话，我们可以明白中山先生的主张训政，只是因为他根本不信任中国人民参政的能力。所以他要一个训政时期来培养人民的自治能力，以一县为单位，从县自治入手。

这种议论，出于主张"知难行易"的中山先生之笔下，实在使我们诧异。中山先生不曾说吗？

> 其始则不知而行之。其继则行之而后知之。其终则因已知而更进于行。（《建国方略》第五章）

他又说过：

> 夫维新变法，国之大事也，多有不能前知者，必待行之成之而后乃能知之也。（同上）

参政的能力也是这样的。民治制度的本身便是一种教育。人民初参政的时期，错误总不能免的，但我们不可因人民程度不够便不许他们参政。人民参政并不须多大的专门知识，他们需要的是参政的经验。民治主义的根本观念是承认普通民众的常识是根本可信任的。"三个臭皮匠，赛过一个诸葛亮。"这便是民权主义的根据。治国是大事业，专门的问题需要专门的学识。但人民的参政不是专门的问题，并不需要专门的知识。所患的只是怕民众不肯出来参政，故民治国家的大问题总是怎样引导民众出来参政。只要他们肯出来参政，一回生，二回便熟了；一回上当，二回便学乖了。故民治制度本身便是最好的政治训练。这便是"行之则愈知之"；

这便是“越行越知，越知越行”。

中山先生自己不曾说吗？

> 袁世凯之流必以为中国人民知识程度如此，必不能共和。曲学之士亦曰非专制不可也。
>
> 呜呼，牛也尚能教之耕，马也尚能教之乘，而况于人乎？今使有见幼童将欲入塾读书者，而语其父兄曰，“此童子不识字，不可使之入塾读书也”，于理通乎？唯其不识字，故须急于读书也。……故中国今日之当共和，犹幼童之当入塾读书也。（第六章）

宪政之治正是唯一的“入塾读书”。唯其不曾入塾读书，故急须入塾读书也。

中山先生说：

> 然入塾必要有良师益友以教之。而中国人民今日初进共和之治，亦当有先知先觉之革命政府以教之。此训政之时期所以为专制入共和之过渡所必要也。

我们姑且让一步，姑且承认共和是要训练的。但我们要问，宪法与训练有什么不能相容之点？为什么训政时期不可以有宪法？为什么宪法之下不能训政？

在我们浅学的人看起来，宪法之下正可以做训导人民的工作；而没有宪法或约法，则训政只是专制，决不能训练人民走上民主的路。

“宪法”是什么东西？

柏来士（Bryce）[①] 在他的不朽名著《美洲民主国》里说：“一个国家的宪法只是那些规定此国家的政体并规定其政府对人民及人民对政府的各种权利义务的规律或法令。”（页三五〇。）

麦金托虚爵士（Sir James Mackintosh）[②] 也说，“凡规定一国高级官吏的最重要职权及人民的最根本的权利的基本法律——成文的或不成文的——便是一国的宪法。”（见于他的“*Law of Nature and of Nations*”）（页六五）

中山先生也曾主张颁布约法“以规定人民之权利义务，与革命政府之统治权”。这便是一种宪法了。

我们实在不懂这样一部约法或宪法何以不能和训政同时存在。我们须要明白，宪法的大功用不但在于规定人民的

---

① 柏来士，又译白赉士，今译詹姆斯·布莱斯（James Bryce，1838—1922）。英国自由党政治家、外交家、历史学家。代表作《美洲民主国》（1888），又译为《美利坚共和国》，此书被视为外国人论述美国的经典著作之一，许多美国大学将之作为政治学教本。布莱斯的著作还有《神圣罗马帝国》（1864）、《现代民主制度》（1921）、《国际关系》（1922）等。

② 麦金托虚，今译詹姆斯·麦金托什（1765—1832）。麦金托什博学多才，其研究涉及法学、哲学、伦理学等多种学科，拥有律师、法官、教授、官员和议员等多种头衔。26岁时，他发表论战性著作《为高卢人辩护》，反击埃德蒙·柏克的《反思法国大革命》，博得激进派喝彩；随即去伦敦林肯学院任教，发表《论自然法和国家研究》。1811至1812年，撰写了他的史学代表作《英国1688年革命史》。其著作还有《从最早时期到最后改革的实施》、《莫尔传》、《英格兰史》等。

权利，更重要的是规定政府各机关的权限。立一个根本大法，使政府的各机关不得逾越他们的法定权限，使他们不得侵犯人民的权利——这才是民主政治的训练。程度幼稚的民族，人民固然需要训练，政府也需要训练。人民需要“入塾读书”，然而蒋介石先生，冯玉祥先生，以至于许多长衫同志和小同志，生平不曾梦见共和政体是什么样子的，也不可不早日“入塾读书”罢？

人民需要的训练是宪法之下的公民生活。政府与党部诸公需要的训练是宪法之下的法治生活。“先知先觉”的政府诸公必须自己先用宪法来训练自己，裁制自己，然后可以希望训练国民走上共和的大路。不然，则口口声声说“训政”，而自己所行所为皆不足为训，小民虽愚，岂易欺哉？他们只看见衮衮诸公的时时打架，时时出洋下野而已；他们只看见衮衮诸公的任意侵害人权而已；他们只看见宣传部“打倒某某”、“拥护某某”而已；他们只看见反日会的站笼而已。以此训政，别说六年，六十年有何益哉？

故中山先生的根本大错误在于误认宪法不能与训政同时并立。他这一点根本成见使他不能明白民国十几年来的政治历史。他以为临时约法的失败是“由于未经军政、训政两时期，而即入于宪政”。这是历史的事实吗？民国元年以来，何尝有“入于宪政”的时期？自从二年以来，哪一年不是在军政的时期？临时约法何尝行过？《天坛宪法草案》以至于曹锟时代的宪法，又何尝实行过？十几年中，人民选举国会与省议会，共总行过几次？故民国十几年的政治失败，不是骤行宪政之过，乃是始终不曾实行宪政之过；不是不经军政、训政两时期而遽行宪政，乃是始终不曾脱离扰乱时期之过也。

当日袁世凯之流，固不足论；我们现在又到了全国统一的时期了，我们看看历史的教训，还是不敢信任人民而不肯实行宪政呢？还是认定人民与政府都应该早早"入塾读书"，早早制定宪法或约法，用宪政来训练人民和政府自己呢？

中山先生说得好：

> 中国今日之当共和，犹幼童之当入塾读书也。

我们套他的话，也可以说："中国今日之当行宪政犹幼童之当入塾读书也。"

我们不信无宪法可以训政；无宪法的训政只是专制。我们深信只有实行宪政的政府才配训政。

十八，七，二十。

罗隆基

论人权

（一）引言

（二）人权的意义

（三）人权与国家

（四）人权与法律

（五）人权的时间性与空间性

（六）我们要的人权是什么？

（一）引言

人权破产，是中国目前不可掩盖的事实，国民政府四月二十日保障人权的命令，是承认中国人民人权已经破产的铁证。

努力起来争回人权，已为中国立志做人的人的决心。人权运动，事实上已经发动。他的成功是时间的问题。这点，用不着特殊的鼓动。

争回人权的手段，原来没有一定的方式。纸笔墨水，可以订定英国1215年的《大宪章》①；枪弹鲜血，才能换到法国1789年的《人权宣言》。在不同的环境下，争人权的手段亦随之而不同，这是历史的事实，这点，本文存而不论。什么是人权？什么是我们目前所要的人权？这的确是目前人权运动里急切重要的问题。我认为这些问题急切重要，其理由，简言之，有三：

第一，人权运动，自有他的目标。这些目标应明确地并有条理地写出来。国民政府的命令说："世界各国人权均受法律之保障"。所谓"世界各国人权"是些什么？下命令的人明白吗？命令又说："……不得以非法行为侵犯他人身体，自由，及财产"。这三项的范围，包括些什么？人权果限于这三项？这些问题，下命令的人亦没有说明白。在其他方面说，英国人大部份的人权就列举在1215年的《大宪章》，1628年的《人权说帖》，1689年的《人权条文》里；法国人大部份的人权就列举在1789年的《人权宣言》里。我们目前的人权条文是什么？已到了我们回答这问题的时候了。

第二，有些人权已经破产的人，自骗自地说人权是抽象

① 《大宪章》是英国于1215年订立的宪法，用来限制国王的绝对权力。《大宪章》要求国王放弃部分权力，尊重司法过程，接受王权受法律的限制。英国没有成文宪法，其宪法由一系列文件和法案组成，其中具有奠基意义的一份，即1215年6月15日，由英国国王与贵族们签订的《大宪章》。这张写在羊皮卷上的文件在历史上第一次限制了封建君主的权力，成为英国君主立宪制的法律基石。

的名词，是饥不可食、寒不可衣的口头语，人权运动比不上唯物主义的阶级革命的切实。这些人根本没有想过什么是人权。人权当然包括衣，包括食，还包括许多比衣食更要紧的东西。说句顽皮话，假使当日德国有绝对的思想、言论、出版自由，马克思就不必逃到伦敦的古物陈列所里去做《资本论》了。批评人权是抽象名词的人，根本还是没有想过人权是些什么条件。我们目前要的人权是些什么？已到了我们回答这问题的时候了。

第三，更有一班幸运一时的人权蹂躏者，他们大笑人权是老生常谈，他们大笑人权运动是英法十七和十八世纪的东西。侥幸得志的人们，拼着命在模仿英国十七世纪的查理士第一，法国十八世纪的路易十六，他们在排演“朕即国家”的老剧，在这种环境之下，我们只好唱《大宪章》和《人权宣言》的老调。其实，人权果然是老调吗？查查大战后各新兴国家的宪法，就知道人权已有了许多新腔。他们得意的人们，横行霸道来糟蹋人权，根本没有明白我们的人权是些什么条件。我们要的人权是什么？已到了回答这问题的时候了。

（二）人权的意义

人权，简单说，是一些做人的权。人权是做人的那些必要的条件，“做人”两字的意义，表面上似乎肤浅，实则高深。有五官，有四肢，有头脑，有肠腑，有皮，有骨，有爪，有发，有人之貌，有人之形，这样的动物，当然应该叫人。

但他在不在“做人”，能不能有那些“做人”的条件，又另成问题。

一个死人当然不在做人。所以“做人”，第一，要有生命。换言之，维持生命，是做人的出发点。谈到维持生命，马上我们联想到生命上那些必须的条件。譬如说，要维持生命，就要有衣，有食，有住。谋取衣，食，住的机会，换句话说，就成了做人的必要的条件。谋取衣，食，住的机会，就变成了人权的一部份。西洋人的工作权（right to work ）如今成了人权的一部份，当然是这个意义。

有衣，有食，有住。在我固然可以做人，旁人能不能容许我做人，又成另一个问题。在一个野蛮社会里，强饺弱，众暴寡，一把刀，　枝枪，随时可以了结我的性命。这样，我虽然是个人，我虽然想做人，我不一定有做人的机会。换句话说，要维持生命，身体的安全，又成了必要的条件。身体安全的保障，又成了人权的一部份了。

照这样说，人权是人生命上那些必须的条件，是衣，食，住的取得权及身体安全的保障。

人权的范围，决不止此。维持生命，固然是做人的出发点。维持生命，决不是做人的唯一目的。

如今中国千千万万人活着，他们有他们的生命，但有几个是真正在做人？做人，老实不客气，要有做人的快乐(happiness)，生命要有生命的幸福。要享受生命上的幸福，衣，食，住，及身体安全这几个条件是不够的。

人有个性，人有人格。倘个性及人格没有发展培养的机会，人就不在做人。在个性与人格上，“人皆可以为尧舜”的话，当然说不上。人人在他的个性及人格上有他可能发展的至善点，是不容否认。“成我至善之我”（Be myself at my best ）这是一句常听到的西洋话。通俗说些，做个我能做到的好人。这样，做人才有意义；这样，生命上才有得到幸福的希望。

因此，所谓生命上的必须的条件，绝对不止衣，食，住及身体的安全，同时要加上那些发展个性，培养人格，成我至善之我的一切的条件。

同时又要明白，我，不过是人群的一份子。我的做人，同时与人群脱不了许多连带关系。我的幸福，同时又与人群全体的幸福发生连带关系，我对人群的责任，在将我之至善，贡献给人群，俾人群全体可以达到人群可能之至善。最后就在使人群里最大多数得到最大的幸福。

准此，所谓生命上的必须的条件，既不限于个人的衣，食，住，及安全；复不限于“成我至善之我”的条件。要在那些条件上加上达到人群最大多数的最大的幸福的目的的条件。

根据上面这些话，人权的定义，应该如下：

> 人权是做人的那些必须的条件。人权是衣，食，住的权利，是身体安全的保障，是个人“成我至

善之我”，享受个人生命上的幸福，因而达到人群完成人群可能的至善，达到最大多数享受最大幸福的目的上的条件。

我的人权定义是如此。他是很平淡，很率直的。我没有追溯十七世纪霍布斯的学说，认人权是满足一切欲望的东西。人有许多欲望，根本就不应该得到满足。许多自命的大伟人有专制欲，有多妻欲，我们不能根据人权的理论，说这种欲望，应该满足。我亦没有引证十八世纪卢梭的学说，认人权是天赋的，说我们要归真返朴，到自然的环境里去自由发展我们的本性。我始终相信 1929 的上海没有再变成五百年前的原野。我更不敢颂扬十九世纪边沁的学说，主张人权应依赖法律为依据。智者作法，愚者守法，是中国过去的历史。强者立法，弱者服法，是中国近来的现状。

法律与正义公道是两件东西，这是世界各国普遍的通病。从法律上我最多可以知道我现在有什么权利，找不到我应有什么权利。中国的旧法准许多纳妾畜婢，人不一定应该认纳妾蓄婢是人权。共和国家成年的国民应该有选举权。目前中国的法律，不许人民参政。法律上有人权，人权不一定尽在法律，这是很明显的事实。

彻底说些，人权的意义，我完全以功用（Function）二字为依据。凡对于下例三点有必要的功用的，都是做人必要的条件，都是人权：（一）维持生命；（二）发展个性，培养人格；（三）达到人群最大多数的最大幸福的目的。

现在我随便举个例来说。言论自由是人权。言论自由所以成为人权，不因为他可以满足人的欲望，不因为他是天赋于人，不因为他是法律所许，根本原因是他的功用。他是做人所必须的条约。

是一个人，就有思想。有思想就要表现他的思想。要表现他的思想，他非要说话不可。他要说自已心中要说的话，不要说旁人要他说的话。说他要说的话，这就是发展个性，培养人格的道路。这是“成我至善之我”（be myself at my best）的门径。

我有了言论自由，我才可以把我的思想贡献给人群。这种贡献，姑无论为善与不善，这是人向社会的责任。在社会方面，这种贡献，姑无论为可取或不可取，这是思想上参考的材料。这就是人群达到至善的道路，这就是人群最大多数享受最大幸福的道路。

反之，取缔言论自由，所取缔的不止在言论，实在思想。不止在思想，实在个性与人格。取缔个性与人格，即系屠杀个人的生命，即系灭毁人群的生命。

根据这个说法，所以说言论自由是人权，人权就是人类做人的一切必要的条件。没有这些条件，我不能成我至善之我，人群亦不能达到人群至善的地位。

（三）人权与国家

国家（state）的存在，有存在的功用（Function）。他的功用失掉了，他存在的理由同时失掉了。国家的功用，就在保障人权。就在保障国民做人上那些必要的条件。什么时候我的做人的必要的条件失了保障，这个国家，在我方面，就失掉了他的功用，同时我对这个国家就失了服从的义务？

法国的《人权宣言》第二条说：

> 一切政治组织的目的在保全自然的及永不磨灭的人权。这些人权是自由，财产，安全，及对压迫的反抗。

到如今，人权的范围扩充了，政治组织的目的是没有改变的。

麦凯蔑（L. M. MacIver）[1]在他的《近代的国家》里说："……国家，我们不但应当把他当做各项团体之一看待，并且就事实上及国家的功用的逻辑上看起来，他亦不过公司性质一类的组织。因为国家侍奉国民。所以他可以命令；因为他负了责任，他才有权利。……他有担保人权的功用。行使这种功用，他须要并且得到相当的权力。他的权力应有限制，犹如他的功用应有限制。"

英国的政治家学者纳斯克（H. J. Laski）[2]在他的《政

① 麦凯蔑，今译麦基佛（1882–1970），亦译"麦其维"或"麦基弗"，美国社会学家。出生于苏格兰，牛津大学毕业。曾任纽约社会研究院院长、美国社会学学会会长等职。1926 年出版《近代的国家》（*The Modern State*）。

② 通译拉斯基（Harold Joseph Laski，1893–1950），英国政治理论家、政治活动家，民主社会主义和政治多元主义的代表人物。拉斯基是第二次世界

治典范》一书里亦曾经说过："国家是个分为政府与人民的有土地的组织。他存在，他使行权威，他有人民的服从，因为如此，人民方可以完成他们可能的至善。为要达到这个目的，人民有他们的人权。人权是那些国民少了就不能'成我至善'的一些条件。所以，很明显的，人权不是法律的产物，是先法律而存在的东西。是法律最后的目的。国家的优劣程度，就以他保障人权成功失败的程度为标准。"

简单说起来，国家万能说已破产了。国家这个组织，在二十世纪，不过是社会上许多组织中的一个组织而已。他存在的价值，完全以他功用的效能大小为转移。他对人民的威权，是有限制的，不是绝对的。威权限制的范围，就以他的功用为准，人民对国家的服从，是有条件的，不是绝对的。最要的条件，就在保障人权，保障人民生命上那些必须的条件，什么时候，国家这个功用失掉了，人民对国家服从的义务就告终了。

国家失去功用的理由，最大的是国家为某私人，或某家庭，或某部份人集合的团体所占据。他的功用已变了他的本性。他成了某个人，或某家庭，或某私人团体的国家。他变成了某个人，或某家庭，或某私人团体蹂躏大多数国民人权的工具。这样的例证，历史上不一而足。譬如说，1789 年的法国，在功用上说起来，是路易十六私人的国家，不是法国人的国家，所以有"朕即国家"的话。1640 年后，1911

大战后欧洲民主社会主义的先驱，著有《主权问题研究》、《现代国家的权力》、《政治典范》、《国家的理论与实践》、《论当代革命》等。

年前，在功用上说起来，中国是爱新觉罗家庭的国家，不是中国国民的国家，所以有“宁赠外人，莫与家奴”的话。在这种现状底下，在这种国家成了私人产物的变态情形底下，其结果，倘国民对这状态有了觉悟，必定发生革命。这又确为过去的事实。

马克思说国家是资本阶级侵略无产阶级的工具，非无片面的理由。国家有时的确为某个人，或某家庭，或某团体所霸占。所当注意者，则霸占国家者，从过去及现在的事实看来，不一定完全是资产阶级罢了。

这里我要说明的，不是国家可以被人霸占的事实，是被霸占后国民对这国家的态度罢了。我对这问题的答案是：“国家的威权是有限制的。人民对国家服从的义务是相对的。什么时候国家担当不了我所托付给他的责任，在国家失了命令我的权利，在我没有了服从的义务。”

我的人权与国家的说法是如此。他是很简单的，很平淡的，很率直的。我不是巴枯宁[①]的信徒，我不是马克思的弟子。毁灭威权或打破国家的罪名，加不到我的头上。

纳斯克曾经说过：“国家以所担保的人权正其名份。我们裁判国家优劣的方法，最要的，就以他在国民幸福的实质上的贡献为依据。最少从政治哲学上立论，国家不是一个单单有威权可以强迫人民服从他的意志的团体。除在极严格的

---

① 米哈伊尔·巴枯宁（1814–1876），著名的无政府主义者，出生于俄国贵族家庭，主张建立个人“绝对自由”的无政府社会，反对任何纪律和权威，反对无产阶级革命和无产阶级专政。

法理上外，国家只有在人民服从国家的利益这条件上要求人民服从。国民，因为他是国民，他就有检查政府一切行动的宗旨及性质的责任。政府的行动，不能以其出诸政府，即成为天经地义。这种行动有他们被审查的标准。政府行动的用意，人民一定要有了解他的权利。国家，简单的说，不能产生人权，只能承认人权，他的优劣，在任何时期，即以人权得到承认的标准为标准。”

同时，这就是我对“人权与国家”一点上的解释。

（四）人权与法律

法律为保障人权产生的。法律为人权所产生的。第一项，指法律的功用；第二项，指法律的来源。

争人权的人，主张法治，逻辑上是对的。法律的根本作用在保障人权。巴克利亚（Beccaria），一个以法理为立场的政治思想家，相信法律的目的在谋最大多数的最大幸福(La Massma Felicita，divisa Nel Maggioor Numoro）英国的布纳克斯通（Blackstone）亦曾经说过：“法律重要的目的在保护及规定人权”（*Commentaries Book 1*，Ch. 1）。

争法治的人，先争宪法，在逻辑上也很对的。

法律，用简便的话来说，可以分为两种。一为宪法，一为宪法以外的普通法。宪法，是人民统治政府的法，普通法是政府统治人民的法（参看 Maciver 的 *Modern State* p.25）

在一个法治的国家，政府统治人民，人民同时统治政府。所以法治真义是全国之中，没有任何个人或任何团体处于超法律的地位。要达到政府统治人民，人民统治政府的地位，非有宪法不可。这里我又觉得胡适之先生下面几句话是很对的：

> 我们须要明白，宪章的大功用不但在于规定人民的权利，更重要的是规定政府各机关的权限。立一个根本大法，使政府各机关不得逾越他们的法定权限，使他们不得侵犯人民的权利。这才是民主政治的训练。

进一步说，在蹂躏人权方面，所谓个人或私人团体，其为害实小。国民政府四月二十的命令所谓“无论个人或团体均不得以非法行为侵害他人身体，自由，及财产。违者即依法严行逞办不贷”那是顾小失大的话。事实上看起来，明火打劫的强盗，执枪杀人的绑匪，虽然干的是“以非法行为，侵害他人身体，自由，及财产”的勾当，其影响所及，远不如某个人，某家庭，或某团体霸占了政府的地位，打着政府的招牌，同时不受任何法律的约束的可怕。这点，我们可以找得着许多事实来证明。

法律的功用在保障人权，这是不容怀疑的。争人权的人，先争法治；争法治的人，先争宪法，步骤上我亦认为很合逻辑。

宪法有时不但不能保障人民的人权，且为某个人，某家庭，或某团体的蹂躏人权的工具。这又非历史上绝无的事，这也是争法治的人所应顾虑之点。假使我们知道在法国1875的宪法以前，曾有过七个宪法，假使我们还记到拿破仑第一、拿破仑第三都曾一手包办过宪法，我们就注意到下列一点的讨论了。

法律的来源，是谈人权者不可忽略的一点。法律是人民共同意志的表现（Law is the expression of the general will）卢梭这句话，我认为是民治国家法律的根本原则。最少，宪法——人民统治政府的法——的产生是不能违背这条原则。孙中山先生在他的《建国大纲》二十三条里“开国民大会，决定宪法而颁布之”的话，自然是承认“法律是人民公共意志的表现”的凭证。谈人权者当然要谈宪法，但在宪法上必要附带着宪法的来源的条件。

人权是先法律而存在的。只有人民自己制定的法律，人民才有服从的责任，这是人权的原则之一。法律的目的在谋最大多数的最大幸福，只有人民本身，才知道他们本身的幸福是什么，才肯为他们本身谋幸福。谋取本身的幸福，这又是人权之一。所以说人民制定法律，就是人权。所以说法律是人权的产物。

人权与法律的关系，我的结论是法律保障人权，人权产生法律。

法律到底是纸上的空文，不幸这又是不可磨灭的事实，人权可以产生法律，纸上的法律不一定能够保障人权。举个最浅明的例来说，1851年法国固然有宪法，何尝阻碍了拿破仑第三的复辟，1911 年中国固然有约法，何尝阻止了袁世凯的帝制。这又是谈人权与法律的人应注意的。

我们要明白的是宪法保障人权，宪法亦依赖人权的保障。

法国的《人权宣言》曾经说过："这些人权是自由，财产，安全，及对压迫的反抗。"

"对压迫的反抗"是人权之一，也是法律的保护者。这就是洛克（Locke）所谓革命的人权。到了人民所要的法律不能产生，或者产生了的法律失了效力的危险时候，人民就得运用他的革命的人权了。看看，1215 年英国的《大宪章》怎样签字的，1628 年英国的《人权说帖》，1649 年英国的《人权条文》怎样成功的；再看看，1776 年美国怎样发生变动，1789 年法国怎样涌起风潮，我们就知道拿革命人权来保障其他人权，是历史上屡见不一见的事实。

在中国方面，自由平等这些人权发达得惊人般的迟缓，革命权确早早为一般人承认了。孟子所谓"闻诛一夫纣，未闻弑君也"这就是承认革命权的先例。孙中山先生四十年的工作又是拿革命的人权来拥护自由平等这些人权的近例。一切的人权，都可以被人侵略，被人蹂躏，被人剥夺。只有革命的人权是永远在人民手里。这自然是人民最后的生机，这又是人权与法律的关系上的最重要的一点。

（五）人权的时间性与空间性

人权，上面说过，是人的生命上一些必要的条件。换句话说，是人的生活上一些必要的条件。人的生活上的要求是随时随地不同的。在某个时代，或某个地点，人们生活上的条件，某某几项已经具备了，某某依然缺乏，于是人们要求的内容和奋斗的趋向，自不能不受环境的支配。所以说人权有时间性与空间性。

上面说的是历史上很明显的事实。譬如说，在英国方面，1215 年的《宪章》，1628 年的《人权说帖》，1689 年的《人权条文》，同是人权运动里的文件，人权的内容，就完全不同了。

《大宪章》的第八条说：

> 任何孀妇，假使他不愿再嫁时，不得强迫再嫁。

这是何等细小的事体；但在 1215 年的英国，这是必争的权利，这是人权。

1628 年《人权说帖》第十七条说：

> 他们，所以，诚惶诚恐的向皇上请求，不经国会通过时，任何人不得被迫向朝廷上贡，担在公债，乐输，赋税，及其他同性质的义务；……

这是1628年英国人的权利。这与《大宪章》所言不同了。这时候英国有国会了，环境不同了，所以人权的内容和四百年前不同了。

1689年《人权条文》说：

> 不经国会承认，皇帝任意停止法律或任意执行法律是违法……
>
> 不经国会通过，皇帝征收银钱，或经国会通过，但征收之期限或方法，逾越国会之规定，均为违法……
>
> 国会议员的言论自由不受院外的干涉……

1689年英国的环境与1215年不同，与1628年亦不同，所以争的人权便随之不同了。

拿整个的欧洲来看，亦是如此。人权二字，十七世纪与十八世纪的含义不同；十八世纪与十九世纪的含义不同。十九世纪与二十世纪的含义不同。人权是人民生活上必要的条件。生活上的需要随时代变迁，人权的范围亦随时代而变迁。人民有工作权，工人有罢工权，这些是欧洲十七或十八世纪的所未曾听到的东西。这些，就是人权意义进化的证据。

倘若有人笑骂我们中国今日的人权运动者是十七或十八世纪的头脑，原因就在笑骂者不知道人权的时间性。

人权有空间性。譬如说，英国的《人权说帖》和《人权条文》和法国的1789年的《人权宣言》，其内容自然又有重要的分别。英国当日人权上的要求，偏重经济；法国，偏重政治，这点或者没有人能否认。

1789年法国的《人权宣言》说：

> 人民生来并且永远在人权上是平等的。人民在社会上的等级，只能在全体利益的条件上存在。
>
> 一切政治组织的目的在保障自然且不可磨灭的人权。那些人权是自由，财产，安全，及向压迫者的反抗。
>
> 主权的根基是在全国。任何人或任何团体不能行使非全国授予的权威……

这些，不是分明着重政治方面吗？读历史的人，都能知道十七世纪英国社会的环境与十八世纪法国社会的环境，是迥然不同。英法人权运动不同的主因，就在人权有空间性的关系。

进之，美国革命的口号是自由，平等，和幸福的自由追求。法国革命的口号是“自由，平等，友爱”。假使用历史的眼光来分析这两句口号，我们可以看出他的不同来。不用说美国的“幸福的自由追求”和法国的“友爱”有不同的含义，就是自由平等几个一样的名词，在法亦有不同的含义。这一切的不同，根本原因，就在人权有空间性的一点。

倘使有人要笑骂我们人权运动者是抄袭欧美人的陈物，

这般人是不明白人权的空间性。

现在我们把人权的意义说明了，人权与国家及人权与法律的关系诠定了，人权的空间性及时间性解释了，我来提出我们现在——1929 年——的中国人要的人权是什么。

（六）我们要的人权是什么？

第一条　国家是全体国民的团体。国家的功用，是保障全体国民的人权。国家的目的，谋全民最大多数的最大幸福。国家的威权是全民付与他的，其量以国家在功用及目的上达到的程度为准。

“国家不是，并且他的性质亦绝对不能为个人或家庭的私产。他是全民供给的团体，应是全民的产业。虽然他已经被人用武力及阴谋篡夺而成为嗣袭的东西，篡夺并不能变换一切物件的所有权。”这是 Thomas Paine[①] 在他的《常识和人权》里的一段话，附录在此。

第二条　国家的主权在全体国民。任何个人或团体未经国民直接或间接的许可，不得行使国家的威权。

---

① 托马斯·潘恩（1737–1809），美国思想家、作家、政治活动家、政治理论家、革命家、激进民主主义者和自然神论者。潘恩以世界公民自居，是美国独立革命和法国大革命的“两个世界的英雄”，并参与起草了法国的《人权宣言》，其政论小册子《常识》极大地影响了美国独立革命，而另一本小册子《论人权》也对法国大革命产生了较大影响。

“主权的根基在全国。任何团体或个人不得执行任何非从全国授予之威权。”1789 年法国《人权宣言》第三条。

“那些受有威权上委托的人，若能尽职，一定受人尊崇；不尽职，受人厌弃。对于那些没有委托，但篡夺威权的人，理性的世界根本不拿他们当件东西。” (Thomas Paine)

第三条 法律是根据人权产生的。法律是人民公共意志的表现。未经全民直接或间接承认的法律不应有统治全民的威权，同时全民没有服从的义务。

“法律是公共意志的表现。任何人都有直接或间接参加制定法律的权利。”法国《人权宣言》第六条。

第四条 政府是全民所组织以执行国家的主权的机关，应对全民负责，不应对任何个人或任何一部份国民的团体负责任。政府的目的在最大多数的最大幸福。

第五条 人民在法律上一律平等。人民，因为在法律上一律平等。对国家政治上一切权利，应有平等享受的机会。不得有宗教及政治信仰的限制，不得有社会阶级及男女的限制。

“一切国民，因为在法律上平等，对国家一切的爵位及职差，应根据他们的才能有平等当选的机会。除道德才技外，不得有他种界限。”法国《人权宣言》第六条。美国《文官考试法》第一章第二条，亦限制拿宗教信仰及政治信仰做考试的试题。

第六条　国家一切官吏是全民的雇用人员。他们应向全国，不应向任何私人或任何人的团体负责。国家官吏的雇用应采国民直接或间接的选举法及采公开的竞争的考试方法。凡向全民负责的国家官吏。不经法律手续，任何个人及任何团体不得任意将其免职，更换，或惩罚。

第七条　充当国家官吏，是国民的义务，同时是国民的权利。任何个人或家庭包办政府多数高级官位者，即为侵犯人权。

瑞士现行宪法取缔同一家庭之人或连襟同时当选为中央委员。美国现行文官制取缔一家庭中有二人以上同时为同一阶级之官吏。

第八条　凡国家现任军官及军人，不得同时兼任国家任何文官职位。陆军，海军，航空三方面本身之行政官吏例外。

第九条　国家一切行政官吏的选用，应完全以才能为根据。凡任何个人——私人或高级官吏——及团体的私人推荐均为违法。凡一切吏治上之贿赂，捐输，及馈赠均为违犯。均为侵犯人权。

第十条　人民对国家一切义务是互惠的，不是一方面的。人民向国家的经济负担的条件有二，（一）没有代议权，即没有担任赋税的义务（No Representation no taxation）（二）议决预算决算。凡一切未经人民直接或间接通过或承认的一切经济上的负担——赋税，公债，捐输，馈赠——均为违法，均为侵犯人权的举动。

第十一条　国家一切经济上的费用，应由全民用经济力之厚薄为比例，分别负担。全民向国家的供给，不经法定手续，不得移充任何个人或任何私人团体的费用。

第十二条　凡国家对外举行外债或缔结关系国家或部份的国民的财产的条约，必经过全民直接或间接的承认。

第十三条　国家财政应绝对公开。国家财政行政与财政审计应绝对为分列的且平等的机关，且二者均应向国家负责，不应向任何个人或任何私人团体负责。

第十四条　国家应保障国民私有财产。凡一切不经法定手续的没收及勒捐等行动，均为违法，均为侵犯人权。

第十五条　国民的劳动力是国民维持生命唯一的资产。凡国家对任何国民一切无相当酬报的强迫劳动，均为侵犯人权。

第十六条　国家的功用在保障人权，人权的

首要原则在保障人民的生命。国民维持生命的方法是用劳动力去换取衣，食，住。所以国民有劳动权，国家有供给人民劳动机会的责任。国民失业是国家失职的证据。是国家在人权上没有负担责任的证据。

第十七条　凡一切国民的水旱疾病灾疫的赈济，是国家在人权上的责任，不是政府对国民的慈善事业。这种责任，应在其他责任之先，因为生命是人权的根本。灾疫遍地的现状，是国家失职的证据。灾疫遍地而不能赈济，是国家在人权上没有担负责任的证据。

第十八条　人民在法律上一律平等，所以全民应受同样法律的统治。同时，法治的根本原则是一国之内，任何人或任何团体不得处超越法律的地位。凡有任何人或任何团体处超越法律的地位，即为侵犯人权。

第十九条　法治的根本原则是司法独立。司法独立的条件比较重要者有三：（一）行政长官绝对无解释法律及执行司法的职权；（二）司法官非有失职的证据，不得随意撤换或受惩罚；（三）司法官不得兼任他项官吏。违此三者，即侵犯司法独立，即侵犯人权的保障。

第二十条　司法官的人选，不得有宗教及政治信仰的歧视。不得有保荐及贿赂的弊端。凡采用陪审制的法庭，陪审员的人选资格，不得有政治信仰，宗教信仰，社会阶级，及男女界限的歧视。违背此项条件，即为侵犯人权。

第二十一条　无论何人，不经司法上的法定手续，不受逮捕，检查，收押。不经国家正当法庭的判决，不受任何惩罚。

第二十二条　国家无论在任何形势之下，不得以军事法庭代替普通法庭。关于海陆空军人违犯纪律之审判，当为例外。

第二十三条　非经政府的许可，任何军人不得在任何地点宣布军法戒严。在军法戒严期内，凡军人一切损害人民生命财产的行动，应向国家普通法庭负责。

第二十四条　法庭一切判决及惩罚，应绝对遵守“法律不溯既往”的原则。除根据案发以前所制定及公布之一切法律外，法庭绝对不得判定任何人之犯法行为。

第二十五条　国家任何高级官吏，非经人民直接或间接的承认，不得以命令产生，停止，或变更法律。任何国民，凡未经法庭判处死刑者，国家任何官吏，不得以命令处任何人以死刑。[①]

第二十七条　国家司法官吏及国家法庭应向全民负责，不向任何私人或任何政府以外的团体负责。

第二十八条　国家的海陆空军是全民所供养

① 原书无第二十六条。

的，他们的责任在保护全民的权利，不在保护任何私人或任何团体的特别权利。

第二十九条　凡未经国民直接或间接承认之强迫兵役，均为违法，均为侵犯人权。

第三十条　国家海陆空军的数量，应由人民直接或间接决定。海陆空军的费用，应列入国家预算决算，每年经人民直接或间接通过。

第三十一条　军队一切霸占民房，强迫差役，勒索供应，均为违法行为，均为侵犯人权的举动。国民对此项损失，有向国家请愿要求赔偿的权利。

第三十二条　军人不得因其为军人故，处超越法律的地位。军人除遵守军队纲纪外，一切行动，同时应向国家普通法庭负责。

第三十三条　国家军队应对全民负责。非经人民直接或间接通过，无论任何文武官吏，对内对外，不得有动员（Mobilisation）及宣战的行动。

第三十四条　在国民发展个性，培养人格的要求上，国民应有相当教育。国家对国民有供给教育机会的责任。为达到发展个性，培养人格的目的，一切教育机关不应供任何宗教信仰或政治信仰的宣传机关。

第三十五条　国民发展个性，培养人格以后，进一步的目的在贡献私人的至善于社会，以求全社会的至善。为达到这种目的，国民应有思想，信仰，言论，出版，集会的自由。

以上三十五条，是我个人认为在中国现状之下所缺乏的做人的必要的条件，也就是我个人认为目前所必争的人权。当然，这些条件不能概括一切。假使仿照英国《大宪章》的办法，那么在目前中国恐怕列举三千条也不算多。我现在暂时提出了三十五条，做国内拥护人权的人的参考。

梁实秋

论思想统一

（一）

有许多事能够统一应当统一的，有许多事不能统一不必统一的。例如，我们的军队是应当统一的，但是偏偏有什么“中央军”、“西北军”、“东北军”的名目；政府是应该统一的，但是中央政府的命令能否达到全国各地还是疑问；财政应该统一的，但是各地方的把持国税，各军队之就地筹饷，财政系统紊乱到了极点；诸如此类应统一而未统一的事正不知有多少，假如我们真想把中国统一起来，应该从这种地方着手做去。然而今年来在一般的宣言，演说，报章里，时常的看见“思想统一”的字样，好像要求中国的统一必须先要思想统一的样子，这实在是我们所大惑不解的一件事。思想这件东西，我以为是不能统一的，也是不必统一的。

各人有各人的遗传环境教育，所以没有两个人的思想是相同的。中国有一句老话，“人心不同，各如其面”，这话不错。一个有思想的人，是有理智力有判断力的人，他的思想是根据他的学识经验而来的。思想是独立的；随着潮流摇旗呐喊，那不是有思想的人，那是盲从的愚人。思想只对自己的理智负责，换言之，就是只对真理负责；所以武力可以杀害，刑法可以惩罚，金钱可以诱惑，但是却不能掠夺一个人的思想。别种自由可以被恶势力所剥夺净尽，唯有思想自由是永远光芒万丈的。一个暴君可以用武力和金钱使得有思想的人不能发表他的思想，封书铺，封报馆，检查信件，甚而至于加以“反动”的罪名，枪毙，杀头，夷九族！但是他的思想本身是无法可以扑灭，并且愈遭阻碍将来流传得愈快愈远。即以孙中山先生说罢，他四十年前即抱革命思想，在如今看来他的革命思想简直和天经地义差不多了，但是在当初满清的时代他的革命思想恐怕就是反动的罢？满清政府对于中山先生的迫害，无所不用其极，但是中山先生的思想四十年如一日，不为威屈利诱，这是我们所最佩服的。假如中山先生在四十年前也为“思想统一”的学说所误，早该抛弃他的革命思想去做满清的顺民了。所以我说，思想是不能统一的。

天下就没有固定的绝对的真理。真理不像许多国的政府似的，可以被一人一家一族所把持霸占。人类文明所以能渐渐的进化，把迷信铲除，把人生的难题逐渐的解决，正因为是有许多有独立思想的人敢于怀疑，敢于尝试，能公开的研究辩难。思想若是统于一，那岂不是成为一个固定的呆滞的东西？当然，自己总以为自己的思想是对的，但是谁敢说“我的思想是一定正确的，全国的人都要和我一样的思想”？再说，“思想”两字包括的范围很广，近代的学术注重专门，不像从前的什么“儒家思想”，“道家思想”等等的名词比较可以概括所有的人之所有的思想。在如今这样学术日趋繁复的时候而欲思想统一，我真不知道哪一个人哪一派人的思想可以当得起一切思想的中心。在俄国，他们是厉行专制主张思想统一的，据罗素告诉我们说，有一位美学教授在讲述美学的时候也要从马克思的观察点来讲！美学而可以统一在马克思主义之下，物理、化学、数学、音乐、诗歌，哪一样不可以请马克思来统一？这样的统一，实在是无益的。在政治经济方面，也许争端多一点，然而在思想上有争端并无大碍，凡是公开的负责的发表思想，都不妨容忍一点。我们要国家的统一，是要基于民意的真正的统一，不是慑于威力暂时容忍的结合。所以我们正该欢迎所有的不同的思想都有令我们认识的机会。从前专制皇帝的权力据说是上天授予的，绝对不准人民怀疑，否则即为叛逆。现在，政治经济都是专门的科学了，哪一种思想能在学理上事实上证明于国家最有利益，哪一种思想便是最合适的。我们若从国家的立场来看，思想是不必统一的。

（二）

思想之不能统一与不必统一，我已说过。假如一定勉强要求统一，势必至于采用下列的方法：（都是罗素在他的《思想自由与官方宣传》一篇演讲里说过的，我现在借来申说一下。）

第一、是从教育机关入手

一个人的思想成熟之后，轻易是不容易变更的，除非被学理或经验所折服而自动的变更。但是一个人在幼稚的时候，他的脑筋是一块白板，把某一套的主张和偏见灌输进去便会有先入为主的效力。除了少数思索力强的青年以外，大多数的人很容易渐渐被熏陶成为机械式的没有单独思想力的庸众。这样的学生长成之后，会喊口号，会帖标语，会不求甚解地说一大串时髦的名词，但是不会思想，不会怀疑，不会创作；这样的人容易指挥，适宜于做安分守己的老百姓，但是没有判断是非的批评力，决不能做共和国的国民。这样武断地教育的结果，我们能认为是“思想统一”吗？这不是“思想统一”，这是愚民政策！这是强奸！教育的目的是在启发人的智慧，使他有灵活的思想力，适应环境的本领。灌输式的教育已经成为过去的了，现在似乎也不必复活罢。罗素对于欧洲国家把狭义的爱国观念仇外观念混在历史学里面讲授给学生听，他还认为流弊很大足以养成人民错误的眼光，比爱国观念更狭隘的东西，岂不是更不应该硬填在教育里去？所以我们以为，为求思想统一而利用教育机关，虽然可以产生很显著的效力，然而结果是不健全的。

第二、是从宣传方法着手

发表思想不算是宣传，以空空洞洞的名词不断地映现在民众眼前，使民众感受一种催眠的力量，不知不觉地形成了支配舆论的势力，这便是宣传。对于没有多少知识的人，宣传是有功效的，可以使得他精神上受麻醉，不知不觉地受了宣传的支配。例如，你到处都看见“吸白锡包香烟！”的标语，如果你是一个没有把握的人，日久自然会不知不觉地吸白锡包香烟了。在思想方面也是如此。但是我们要知道，用宣传来诱惑人，虽然可以产生很显近的效果，但结果并不能造成“思想统一”，只能造成群众的“盲从”。宣传这件东西，根本的就是不要你加以思索，只要造成一种紧张的空气，使你糊里糊涂地跟着走，所以宣传并不能造成思想统一。思想就不能统一。

第三、是利用政治的或经济的力量来排除异己

这是消极的办法，消极地排除“思想统一”的障碍。凡是有独自的不同调的思想的人，分别地加以杀戮，放逐，囚禁，这不过是比较浅显的迫害，还有比这个更为刻毒的方法呢。例如，对于思想不同的人，设法使其不能得到相当职业，使其非在思想上投降便不能维持生活。这样一来，一般人为了生活问题只得在外表上做出思想统一的样子。再例如，从前的考试制度（即科举）从原理方面讲，未尝不是光明正大的公开取士，然而从方法方面讲，便有不妥的地方。从前科举所考的只是八股，只是四书五经一套老东西，你若是有新思想，不考你的新思想，你若是有新议论，不准你抒发新议论。所以科举的结果只是产生一班迂腐书生，斗方名士，戕贼了无数青年的思想！所以贵乎考试制度者，是在于其能公开，不以一系一派的学说做标准，而以真正的学识做为考试

的科目。

上面举的三项方法，都不能造成真正的思想统一，只能在外表上勉强做出清一色的样子，并且这样的强横高压的手段只能维持暂时的局面，压制久了之后，不免发生许多极端的激烈的反动的势力，足以酿成社会上的大混乱。

（三）

假如用了上述的方法而求思想统一，一方面固然不能达到真正思想统一的目的，另一方面却能产出极大的缺点。凡是要统一思想，结果必定是把全国的人民骗到三个种类里面去：第一类是真有思想的人，绝对不附和思想统一的学说，这种人到了万不得已的时候只得退隐韬晦著书立说，或竟激愤而提倡革命。第二类是受过教育而没有勇气的人，口是心非地趋炎附势，这一类人是投机分子，是小人。第三类是根本没有思想的人，头脑简单，只知道盲从。

这三类人，第一类的是被淘汰了，剩下的只是投机分子和盲从的群众。试问一个人群由这样的人来做中坚，可多么危险？

在思想统一的局面之下，不容易有“忠实同志”出现。因为所谓“同志”者，是先有“志”然后才“同”，并不是为了要“同”然后再有“志”。所以要号召忠实同志来从事国政，必须令人民有思想信仰的自由，令其自由地确定其思想信仰，然后才可以看出同志与非同志的分别。假如用威吓利诱的手段来求思想统一，除了受排斥的有思想的人以外，只有投机分子和盲从群众了，如何称得起“忠实同志”？

我并不相信在思想上人们的思想绝对的没有相同的地方，人是可以在志同道合的情形之下协力合作的，但是这其间容不得丝毫的勉强。要思想统一便不能不出于勉强之一途，所以思想统一不但是徒劳无功，而且是有害无利。

（四）

外国人常常称赞我们中国是顶自由的国邦，政体虽然几千年来是专制的，思想却自由到万分。这种看法在从前是对的，到现在恐怕有点改变了罢。从中国历史上看，儒家思想虽然是正统，可是别家的思想依然可以自由的传布，当然历史上也有卫道翼教的人，可是各种派别的思想究竟不会遭遇严厉毒狠的压迫。文字狱是有过不止一回，但是当局者完全是以暴力执行，并不会借口什么思想统一的美名。外国人最诧异的是在中国有好几种宗教同时并存，而从来没有像在欧洲一般大规模地闹过乱子。在五四运动前后，思想方面更是自由，在日本不能讲的共产主义，在中国可以讲，在美国不能讲的生育节制，在中国可以讲。这也许是完全因为历年来中国执政者太昏聩无识，疏于防范罢？然而也不尽然。英国的政治家有的是学者，天才，在英国并不曾有过“思想统一”的事实。我们中国人的习惯一向是喜欢容忍的，所以一向有思想的自由，可惜这个被全世界所崇仰的优美的传说，于今中断了！

从历史上看，人类的活动总是在大致上向着光明开通的路上走，把迷信逐渐的铲除，也许无意中创出新的迷信来，然而在大致上对于思想总是力求其解放，断断没有处心积虑向后退的。尤其是革命，革命运动永远是解放的运动，应该是同情于自由的。也许革命成功之后，又有新的专制的局面发生，但是断断没有革命运动的本身而对于民众竟采用束缚的高压的政策的。

我们现在要求的是：容忍！我们要思想自由，发表思想的自由，我们要法律给我们以自由的保障。我们并没有什么主义传授给民众，也没有什么计划要打破现状，只是见着问题就要思索，思索就要用自己的脑子，思索出一点道理来就要说出来，写出来，我们愿意人人都有思想的自由，所以不能不主张自由的教育。

我们反对思想统一！

我们要求思想自由！

我们主张自由教育！

上文已排好之后，在报纸上看到全国宣传会议第三次会议的记录，内有“《确定本党之文艺政策案》，决议：（一）创造三民主义的文学（如发扬民族精神，阐发民治思想，促进民生建设等文艺作品）；（二）取缔违反三民主义之一切文艺作品（如断丧民族生命，反映封建思想，鼓吹阶级斗争等文艺作品）。”

很明显的，现在当局是要用“三民主义”来统一文艺作品。然而我就不知道“三民主义”与文艺作品有什么关系；我更不解宣传会议决议创造三民主义的文学，如何就真能产出三民主义的文学来，我们愿意等十年，二十年，三十年，请任谁忠实同志来创作一部“三民主义的文学”给我们读读。

以任何文学批评上的主义来统一文艺，都是不可能的，何况是政治上的一种主义？由统一中国统一思想到统一文艺了，文艺这件东西恐怕不大容易统一罢？鼓吹阶级斗争的文艺作品，我是也不赞成的，实在讲，凡是宣传任何主义的作品，我都不以为有多少文艺价值的。文艺的价值，不在做某项的工具，文艺本身就是目的。也许有人能创作三民主义的文学，我也不想拦阻人家去创作，不过我可以预先告诉你，你创作出来未必能成为文艺。所谓“反映封建思想的文艺”都在取缔之列，我也不能明白。“反映”二字，是客观表现的意思，不一定是赞成，也不一定是反对，如何可以笼统的取缔？《红楼梦》、《水浒》、《儒林外史》等等的小说，都不免“反映封建思想”，是否应该一律焚毁？“断丧民族生命”也是一个笼统的名词，没有什么意义。

据我看，文学这样东西，如其真是有价值的文学，不一定是三民主义的，也不一定是反三民主义的，我看还是让它自由的发展去罢！

实秋 六月六日

罗隆基

告压迫言论自由者

——研究党义的心得

1

目前留心国事的人，大概把视线都集中在西北与东南两方面，都认这些自相残杀的内战，是中国目前极重要的事端，都认这些内战有极可注意的价值。其实，百年后读史者，翻到民国十八年这几页史的时候，寻得着一条纲目，提到这些自相残杀的事件否，仍为问题。我预料后人在民国十八年的历史上，除了俄人侵入满洲这奇辱极耻外，顶还可以寻得出这样一段故事：

“十八年时有胡适其人，做了《知难，行亦不易》，《人权与约法》一类的文章，批评党义，触犯党讳，被党员认为侮辱总理，大逆不道，有反革命罪。党政府的中央执行委员会议决由教育部向胡适加以警诫。同时中央执行委员会于十月二十一日常会通过《全国各级学校教职员研究党义条例》

八条，通令全国各级教职员，对于党义，‘平均每日至少须有半小时之自修研究’”。

我预料编史及读史的人，一定重视这件故事。这并不是说在十八年的中国，胡适先生的地位的高贵，比得上蒋总司令等等，更不是“人权约法”这种反革命的口号，有冯玉祥、张发奎们反革命的大炮响亮。不过个人或团体，利用政治势力，压迫言论自由，这一类的事，历史家对之从来不肯放松，读史的人对之，也从来没有把他看得比武人互相厮杀的事更小。譬如说，秦始皇做皇帝十九年之久，当此十九年中，打仗杀人的事，自然很多，史家就没有件件都记载出来。焚书坑儒，偶语弃市，这一端，史家是大书特书的。秦到如今，已一千七百余年了，试问，中国有几个忘记了秦始皇帝焚书坑儒这段历史？

如今旧事重提，说到胡适先生触犯党讳的公案，我不是想来判断什么是非——这是后人读史者的权利。在我，实很感谢这案件的发生，因此，中央执行委员会才肯为一班教职员们讨论出自修研究学问的方法，因此我才可以从学校里得到《研究党义条例》这件公文，因此，我才逼迫着努力起来做条例上第二条第一期的功夫，因此，我每日半小时自修党义的结果，才有这点点心得，才敢鼓起胆量来做这篇文章。

II

孙中山先生是拥护言论自由的。压迫言论自由的人，是不明了党义，是违背总理的教训。倘使违背总理教训的人是反动或反革命，那么，压迫言论自由的人，或者是反动或反革命。

这些话不是杜撰的。在党义上确有证据。

清光绪三十年(1904)，孙先生曾做过《中国问题真解决》一篇文章（见中山书局出版的《中山全书》第四卷）。这篇文章，孙先生把满清的罪孽宣布于世界。他举出满清罪状十条，内有这两项：

> 第二条　抑遏吾人知识之发展
>
> 第六条　禁止言论自由

因为满清有这样“抑遏智识发展”，“禁止言论自由”的罪恶，所以孙先生向全世界宣言“欲得平和，必加强暴”，所以他在同一篇文章里说：“中国革命时机，刻已熟矣”。这是孙先生拥护言论自由的证据，同时就是我本着《教职员研究党义条例》做自修功夫的一点心得。

民国十三年国民党在广州开全国代表大会，于是有第一次代表大会宣言。宣言里对内政策第六项说：“确定人民有集会，结社，言论，出版，居住，信仰之完全自由。”

民国十三年孙先生尚在世。第一次大会就是孙先生召集的。宣言里的一切政策，当然是孙先生的政策。这又是孙先生拥护言论自由的证据，同时就是我本着《教职员研究党义条例》读《中山全书》得来的一点心得。

如今一班忠实同志们，认先总理的一切主张及计划，是天经地义，先总理传下来的一言一字，都是不可移易的真理。敢讨论总理学说的是大逆不道；敢批评总理主张的，罪不容诛。这不知与第一次宣言里对内政策的第六项“确定人民有言论自由权”的原则，是否相合？这不知是否党义上的遗教？这又不知是否《中山全书》里寻得出的办法？

在我“每日半小时自修研究党义”的结果，在孙先生的英文《实业计划》（*The International Development of China* 系商务印书馆1920年出版）里，发现这样一段话：

> 这计划的各部，不过是一个外行人（layman）根据很有限制的资料想出来的一个粗简的大纲或政策。经过科学的研究及详细的调查，修正及改良是不可避免的。例如，关于在青河滦河两口之间修筑北方大港的计划，著者以为港口应位在东方，但经过专家实地调查后，发现港口应在西方。所以，这计划应待专家的指正。（见原著序文第二节）

孙先生很谦恭的承认自己在实业上是外行，完全承认专家的知识，承认他的计划“经过科学的研究及详细的调查，修正及改良是不可避免的”，这就是孙先生在世时对他的主张及学说的态度。这是科学的态度。这是伟大人物在他的主张上及学说上应有的态度。

孙先生在他的实业计划上的态度是如此，在他其余的主张及学说上，当然想亦如此。实业上有专家，心理上亦有专家，政治上亦有专家，一切的学问上都有专家。他的实业计划，经过科学的研究及详细的调查，可以修正；其他心理建设，政治建设等等，经过科学的研究及详细的调查，当然亦可以修正。这是科学的态度，这是伟大人物对他的主张及学说上应有的态度。孙先生在世的时候，于他的主张及学说，他请专家来批评，他请专家来讨论，只要讨论与批评的人，有较好的意见，他随时修正他自己的主张。北方大港的港口专家认为应在西方的孙先生不能坚持应在东方（港口的更正是美使芮恩诗博士派技师测量后改正的）。在其他方面的计划亦如是，东西的位置，亦不能倒置。所谓先总理的学说及主张，不许讨论，不许批评，在《中山全书》上有什么根据？

“永无错误”(infallibility)这句话，只有几个浅陋无识，心怀窄狭，不明了基督教义的教皇才敢说，才肯说。耶稣本身没有这样的态度。实际上，他们说这句话的时候，根本就成了耶稣的叛徒。实际上，说“永无错误”，即此即是他们的错误；即此即是他们“永远的错误”。

上面这段话，不过说明两点：（一）孙先生在他的主张及计划上是欢迎批评和讨论的；（二）孙先生是拥护言论自由的。我本段的结论：压迫讨论及批评的人，是压迫言论自由，压迫言论自由，是亡清的罪恶，是中山先生所反对的。压迫言论自由的人，是违背中山先生的教训的。

这里，或者有人要认我误解“言论自由”了。他们要说“言论自由”有“言论自由”的范围，不是什么都可言，什么都可论。因此，进一步来讨论言论自由的范围。

III

言论自由，就是“有什么言，出什么言，有什么论，发什么论”的意思。言论的本身，绝对不受何种干涉。行政官吏用命令禁止言论，这当然是非法的行动，是违背言论自由的原则。就是立法机关或司法机关拿法律的招牌来范围言论，也是违背言论自由的原则。

“法律以外无自由”，是句欺人的话。单单说，“自由”两字，是空泛无意义的。具体的举出某种自由来，就是说某事已成特权，政府的法律在某事方面不得干涉。

言论自由这名词，就是指法律不得干涉言论而言的。言论自由这名词，起于英国。英国承认言论自由的法典，第一次发现于1689年12月公布的《人权条文》（*The Bill of Rights*）。条文里有这样一句：

> 国会内一切演说，辩论，及议事的自由，不受院外一切法庭及任何地点的弹劾及追问。
>
> （That the freedom of speech and debate or proceeding in parliament ought not to be impeached or questioned in any court or place out of parliament.）

这是很明白的，言论自由，是指不受院外法庭及任何地点的弹劾及追求而言，是指不受法律的干涉而言的。直到如今，英国议员在院内的辩论，是在法庭法律势力范围以外。

严格说起来，《人权条文》上所保障的只有英国议员的言论自由。普通人民的言论自由在宪法上没有保障的。普通人民的言论自由是靠英国的“common law”。普通人民言论自由的保障载在宪法上的，先例是美国，美国宪法的修正案第一条原文如下：

> 国会不得制定法律，规定宗教或禁止人民信教自由，或取缔人民的言论，印刷，集会及请愿之自由。
>
> (Congress shall make no law respecting an establishment of religion, or prohibiting the free exercise thereof or abridging the freedom of speech or of press or the right of the people peaceably to assemble, and to partition the government for redress of grievance.)

这是很明白的，言论自由，是指不受法律干涉的自由。是指国会不得制定法律，取缔人民的言论而言。

所以“言论自由”的真义应如此：

言论的本身是绝对不受法律限制的。言论自由的范围是世界上无事不可言，世界上无事不可论的。只要言论者肯负言论的责任，他有什么言，尽可出什么言，有什么论，尽可发什么论。譬如说，在天文方面，他尽可倡天是四方，地是八角的学说；在算术方面，他尽可倡三加二为四，四减二为三的理论；在政治方面，他尽可以宣传君主，他尽可以鼓吹共产，他尽可以赞成三万人组织内阁，他尽可以提议五个人组织国会。因为有什么言，出什么言，有什么论，发什么论，这是言论自由的根本原则。至于他言论的价值及真理，那与言论自由是两件事。

上面这段话，不是我故作诡论的。英国政治学者拉斯克（Laski）[①] 有这样一段话：

> 我的主张是，在国家（state）方面，国民应绝对让他自由发表他私人所有或与旁人考虑结果所有的意见。他可以宣传社会现状的缺点。他可以主张用武力革命的方法去改造现状。他可以偶像现在的制度是理想中的完满者。他可以说凡与一己持异议的人的意见，均应取缔。他可以由私人单独或联合他人去发表他的意见，无论取那种形式发表他的意见，他是不受任何干涉。进一步，他有权利采用任何出版的方法，宣布他的意见。他可以发刊书本，或小册，或报纸；他可以采用演讲的方式，他可以到大会去报告。他能做任何或

---

① 即英国政治理论家、政治活动家拉斯基。

所有一切上列事项，在进行上同时他得到国家完全的保障，这才是自由上一种根本的人权（*Grammar of Politics* Chapter III,P120）。

其实，拉斯克这个言论自由的解释，不是空的理想。有许多已经是英国的事实了。只要言论不是凭空说谎，不是无故造谣，不是蓄意毁谤，不是存心诬陷，英国没有法律能够干涉到人民的言论的。英国的皇帝，英国的国会，英国的内阁，英国的法庭，固不能叫要说什么话的人不说什么话，或叫不说什么话的人说什么话（参看 Dicey 的 *Law of the Constitution*）。英国政府可以干涉凭空说谎，无故造谣，蓄意毁谤，存心诬陷，这是英国的（Law of libels）。但这是言论者的人格问题，言论上的责任问题。言论自由与说谎，造谣，毁谤，诬陷是两件事。即此说谎，造谣，毁谤，诬陷，亦不是政府随时随意可以用命令去警诫或取缔的，是要先经过法庭方面陪审员决定某人确有说谎，造谣，毁谤，诬陷的事实，而后国家的法律，才可以行使他的威权。换言之，英国的法律，不能干涉言论，只能迫言论者负言论的责任而已。英国的公园里就可以宣传无政府，英国的议院里就可以演讲共产党，英国没有什么党的主张是不许批评的，英国没有什么人的学说是不许讨论的。

“自由”是绝对的，是整个的。“自由”二字不能有什么度数，不能分什么多少。假使说“言论自由”应有度量或多少的限制，假使说某甲的主张是不许讨论的，某乙是某甲的信徒，势必至某乙的主张亦不许讨论；某丙是某乙的信徒的朋友，势必至某丙的主张亦不许讨论；某丁是某丙的信徒的朋友的朋友，势必至某丁的主张亦不许讨论。假使说天字号这个团体是不许批评，地字号这个组织是原于天字号的，势必至地字号的组织亦不许批评；人字号是与地字号有关系的，和字号是与人字号有关系的，势必至人字号和字号这一切组织都不许批评。这种限制，这种取缔，势必至无可讨论，无可批评而止。结果，天下事没有绝对的自由，就成为绝对的没有自由。

拉斯克说得好："凡对于社会制度的批评，都是多少的问题。假使禁止 × 鼓吹革命，势必至取缔 × 说现状不是神圣。假使我根本咬定俄国共产党是政治上的万恶，势必至认教授俄国人的英文是一种共产的宣传。"

所以说言论自由，是有什么言，出什么言；有什么论，发什么论。无事不可言，无事不可论。天下事没有绝对的自由，就成为绝对的不自由。

这种言论自由的解释，在一班执政者看来，必以为狂妄怪谬，必认为暴乱危险。必以为如此放任，邪说异端，必成为洪水猛兽般的祸害。这点，不是言论自由之范围的问题，乃为压迫言论之效力问题。因此，进一步与压迫言论自由者讨论压迫言论之效果。

IV

真正好的主张及学说，不怕对方的攻击，不怕批评和讨论，取缔他人的言论自由，适见庸人自扰。对方的攻击，果能中的，取缔他人的言论自由，是见敌而怯，适足以示弱，适足以速亡。本身真有好的主张及学说，对方攻不倒。对方真有好的主张及学说，我亦压迫不住。自由批评，自由讨论，绝对的言论自由，固然是危险，实际上压迫言论自由的危险，比言论自由的危险更危险。

人类史上，压迫言论自由的经验举不胜举，有哪次，在压迫者的方面，没有弄到极凄惨的结果？

何必远索上古中古的史事。假使压迫言论自由是制服敌人的好办法，如今中国的首都一定还在北京，如今宣统一定还在头戴皇冠，身着龙袍。纵不然，亦应是洪宪皇帝的天下，纵不然，亦应是张勋，张宗昌，张作霖的天下。在压迫言论自由上，他们当然是要算前辈，要算“先知先觉”了。反过来看，中山先生革命的成功，满清“压迫知识发展”，“禁止言论自由”，间接的帮忙不少。前清何尝不以为压迫言论自由，是取缔革命学说的妙法。结果怎样？在1929年的中国，各级教职员都有“每日最少半小时自修研究”满清所压迫的革命学说的机会？袁世凯，段祺瑞，张作霖等等又何尝不认压迫言论自由是对付敌人的妙法，所谓民权报的记者编辑，所谓北大的代理校长，何尝没有亡命逃难过。但是，请看今日之域中，竟是谁家之天下？

有人或者认前此压迫言论的失败，是中国近代史上偶然的和例外的事。我们且看西洋的历史。

303年的时候，罗马不是有位Diocletian皇帝？皇帝不是还有位Galeirus大臣？[①] 他俩不是以屠杀耶教徒著名的吗？那时耶教徒胆敢拒绝偶像Caesar[②]，胆敢批评罗马的家庭及社会制度，胆敢鼓吹上帝天国的邪说。于是Diocestian和Galerius就法密如网，打毁一切教堂，没收一切教产，焚烧一切教经，囚杀一切教徒。在罗马当局方面，总算有绝大的决心，压迫言论及信仰自由了。但是命令朝出夕撕，教徒杀不胜杀。到了Galerius临死，只好自认压迫政策失败来讲和（参见Gibbons：*The Decline And The Fall of Roman Empire*）。

岂止如此。二十年后，Constantine The Great[③]做皇帝的时候，耶稣教终究成了罗马国教。Constantine临死的时候（337）还要先受洗礼，成为信徒，以便天堂参见上帝。这是罗马皇帝压迫宗教上的言论自由的结果。

到了四五世纪以后，教会的地位站稳了，教皇的权利增大了。一班长老牧师就忘记了他们的“先知先觉”如何的被人压迫，如何的惨死殉道，于是这班“后知后觉”忠实徒子徒孙就打起排除异端，取缔邪说的旗子来了。他们就以罗马皇帝对付他们“先知先觉”的方法，来压迫

① Diocletian，罗马帝国皇帝戴克里先（245–312）。Galeirus，戴克里先的大臣加莱里乌斯，君臣二人以迫害基督徒闻名西方。

② 即恺撒大帝，罗马共和国末期著名的军事家、政治家，罗马共和国终身独裁官，罗马帝国的奠基人，被一些历史学家视为罗马帝国的无冕之皇，有“恺撒大帝”之称。其影响所及，罗马帝国君主以其名字“恺撒”作为皇帝称号；后来的德意志帝国及俄罗斯帝国君主亦以“恺撒”作为皇帝称号。

③ 即君士坦丁大帝（272–337），历史上第一位信仰基督教的皇帝，被西方人视为“千古一帝”。基督教在其鼓励之下迅速发展，不到一百年就在罗马帝国内占据了优势地位。

他们眼光里的异端邪说了。到了十五世纪的时候，就把Wycliff[①]（1330–1384）掘骨烧灰，把John Huss[②]生焚而死。等到十六世纪初年马丁路德[③]出来以后，所谓异端邪说的学说，又压迫不胜其压迫了。后来，终造成历史上的宗教革命；如今，在宗教方面，新教的势力比旧教又怎样？压迫言论成功了吗？历史是有循环性。后知后觉，总容易忘记先知先觉的往事，亦云怪矣。

我们再看看各国政治史压迫言论自由的经过。法国经过路易十四路易十五两代的奢侈，到十八世纪的末叶，已成民穷财尽的景况，怨声载道，谤议四起。路易十五曾经大举文字狱，Voltaire[④]这流人物，或放或囚；批评时政这类书籍，或禁或烧，Lettres de Cachet[⑤]唯取唯求，Bastille[⑥]满谷满仓，结果如何，终以造成法国大革命。1815年路易十八复辟，1824年查理士第十继续皇位，两位皇帝一方面仰仗国外奥援，一方面重用迂腐旧臣，又造成反动的政治。至1830年查理士第十公布所谓《七月大法》（*July Ordinance*）内中第一道命令，就是禁止人民的出版自由，

---

① 威克里夫，神学家，欧洲宗教改革的先驱，英文圣经译者，他和他的门徒约翰·胡斯同被称为宗教改革运动的晨星。

② 约翰·胡斯（1369–1415），宗教改革运动的殉道者。胡斯被教会骗捕后，以异端罪被烧死于火刑柱上。他的死激起民愤，从而引发了胡斯战争，这场战争使宗教改革运动得到了较大的发展。

③ 马丁·路德（Martin Luther，1483–1546），新教路德宗的奠基人，16世纪德国宗教改革的发起人。路德所发起并领导的宗教改革运动席卷了整个欧洲，结束了罗马天主教会对西欧的神权统治，由其翻译的路德圣经至今仍是最重要的德语圣经译本。

④ 即法国启蒙思想家伏尔泰。

⑤ 密札，直译为附有印章的信，亦即空白逮捕令。

⑥ 巴士底狱，法国大革命前知名的政治犯监狱。

因此引起《Nation》报记者 Thiers 的抗议，因此引起法国历史上 1830 年的大革命。

1830 年查理士被赶以后，路依菲力蒲（Lenis Philippe）起来做法国皇帝。因为国会选举资格问题，又引起国人反抗。菲力蒲对付的方法，仍不外祖宗的故智。1848 年 2 月 22 日，人民要在巴黎召集大会，讨论改良选举资格问题，政府先期以武力干涉集会相恐吓，结果又造成法国历史上 1848 年 2 月的大革命。试问，压迫言论自由的方法，哪一次成功了？

我们再看看英国的历史。英国历史的两次大革命（1641 及 1688 年）简直可以说是压迫言论自由有以促成的。查理士第一，我们是知道的，在登位的初年，因为压迫人民的言论自由，一连解散了三次国会（1625，1626，1629）。等到 1640 年再召集国会，又以 Pym 及一班议员大放厥词，马上把国会解散。1841 年又提高议员资格，召集新国会，国会又提出所谓“Grand Remonstrance”，实际等于向国民公布皇帝罪案二百余条。查理士第一以为一班议员太放肆了，亲率军队，侵入议院，想逮捕国会为首的五位议员，以达压迫言论自由的目的，结果，激成 1641 年的议会革命。1660 年查理士第二侥幸被人迎回到英国来做皇帝，詹姆斯第二在 1685 年继续皇位，两位皇帝又因为宗教问题，引起争议。查理士第二及詹姆士第二对付的方法，又系祖宗的故智。唯一的办法，解散国会，干涉言论。结果，詹姆士第二在 1688 年弃位而逃，促成英国史上 1688 年的革命。试问，压迫言论自由，哪次成功了？

美国压迫言论自由的故事，最大的要算1798年联治派执政时所通过的*Alien and Sedition Acts*。案之内容：（一）取缔人民单独或联合的对政府一切抗命的行动；（二）取缔人民在政治上的言论自由。这是联治派（Federalists）利用政治势力压迫反联治派的言论自由的把戏。结果，引起墨迪森（Madison）、格弗森（Jefferson）的反抗，引起美国民众的反抗。结果，联治派众叛亲离，结果，联治派一蹶不振[①]。试问，压迫言论自由的事，哪一次成功了？

1915年前俄国压迫言论自由的经过，更是我们亲眼所见的。如今Nicholas II[②]哪里去了？红旗到底挂满了俄国，马克思和列宁的共产学说，单凭压迫言论自由的方法，打消得了的吗？

美国纽约世界报有个记者（Frank I Cobb）他有这样一段演说："本晚我是被请来讲言论自由的价值及危险。人世最大的危险，就从"压迫"上发生出来。压迫言论自由的危险，比言论自由的危险更危险。假使压迫言论是好方法，

---

① 联治派，通译联邦党人。1798年，由联邦党人控制的美国国会通过了四部法案，由当时的美国第二任总统亚当斯签署成为法律。这四部法律统称为"关于制止外国人反美及制止煽动叛乱行为的法律"（*The Alien and Sedition Acts*），其理由是为了在未来的对外战争中确保国内安全，杜绝政府被颠覆的危险。这些法律严重损害了公民自由，联邦党人因此招致对手的猛烈抨击，并在接下来的总统大选中败北。格弗森，今译杰斐逊，在1800年的总统大选中击败亚当斯，当选为美国第三任总统。墨迪森，今译麦迪逊，美国第四任总统。亚当斯、杰斐逊、麦迪逊均为美国开国元勋。

② 尼古拉二世（1868–1918），俄罗斯帝国末代沙皇，1894年至1917年在位，二月革命后下台并被监视看管。1918年7月，尼古拉二世一家及仆人近10人被苏联秘密警察集体处决。

布邦皇室（Bourbons）应仍居法国的皇位，浪曼诺夫皇室（Romanoff）仍为俄国的君主，西班牙仍为大帝国，赫浦斯伯皇室（Hapsbmgs）仍统治神圣的罗马帝国，联治党（Federalist）仍在华府执政。”

他又说：“记到，人民不属于政府，政府属于人民！记到，没有充分的且极自由的讨论，在代议的民治国家，没有一事可以得到合理性的解决的。最后，记到，政治及经济的安定，社会制度的稳固，不靠法官及狱吏的本事，实赖人民的自治能力。后者是民主政治的本质及灵魂。”

这一切话，可以做中国压迫言论自由者的座右铭。

V

上文，我已指出了中山先生是拥护言论自由者，解释了言论自由的范围，证明了压迫言论自由者最后的失败。言论自由本身的利益，我没有说明，这实为童幼皆知的事，没有说明的必要，亦说不胜说。

例如：假使满清压迫言论自由成功了，今日我们到什么地方去寻《三民五权》这部经典？这是人类及国家如何的一种损失？忠实同志们当然不否认这点的。

孙中山先生的学说及主张，从前满清压制言论自由的方法，不能消灭他，如今当然也不靠压迫言论自由来保护。忠实同志们，当然亦不否认这点。

诚如此，前清的杀革命党，封报馆，烧书籍，在一班忠实同志们眼光里，是笨伯所做的事。忠实的同志们，亦应该承认这点。

后之视今，亦犹今之视昔！

（十二月一日）

附录：

因警诫胡适而引起之

各级学校教职员研究党义暂行条例

十八年十月二十一日中央第四十四次常会通过

第一条　本党为贯彻党义教育起见，全国各级学校教职员应依照本条例之规定，对于本党党义作系统的研究，求深切的认识。

第二条　各级学校教职员研究党义其研究程序分为四期，兹订研究标准如下：

第一期研究《孙文学说》、《军人精神教育》、《三民主义》；

第二期研究《建国大纲》、《五权宪法》、《民权初步》、《地方自治开始实行法》；

第三期研究《实业计划》；

第四期研究《实业计划》。

第三条　每期研究期间以一学期为限，平均每日至少须有半小时之自修研究，每周至少须有一次之集合研究。

第四条　学校教职员其人数过少不便集会研究时，得与邻近学校联合组织党义研究会，期收共同研究之效益，但如因人数过少交通不便者，得通信讨论。

第五条　全国各级学校教职员应于集合研究党义时，兼讨论实施教育之各种问题，并将讨论结果报告教育行政长官及当地高级党部，汇呈中央训练部用备考查。

第六条　全国各级学校教职员研究党义成绩之优秀者，应分别奖励。其考核条例另订之。

第七条　本条例如有未尽事宜，由中央训练部提请中央执行委员会常务会议修正之。

第八条　本条例由中央执行委员会常务会议议决施行。

胡适

新文化运动与国民党

“中国本来是一个由美德筑成的黄金世界。”

今年双十节，我在杭州车站买了一张杭州报纸的双十节号，忽然看见这一句大胆的话。我吓了一大跳，连忙揩揩眼镜，仔细研读，原来是中央宣传部长叶楚伧先生的大文，题目是《由党的力行来挽回风气》。叶部长说：

> 中国本来是一个由美德筑成的黄金世界。自从觉罗皇帝、袁皇帝、冯爵帅、徐阁老，以及文武百官，衣钵相传，掘下个大坑，政治道德扫地无遗。洋大人、外交人才、买办、跑街，以及西崽，也掘下个大坑，民族气节又扫地无遗。张献忠、白莲教、红灯罩、共产党，——这一套；保皇党、研究系、同善社、性欲丛书，——这又一套；大家在那里炫奇斗胜，分头并作，一坑又一坑，将

社会风尚又搅成个落花流水。这样一个不幸的环境摆布在眼前，凭你是谁，偶一不慎，便会失足灭顶。……

我看完了这一篇文章，心里很有点感触。这一个月以来，我时时想到叶楚伧先生的话，时时问自己："觉罗皇帝"以前的中国，是不是"一个由美德筑成的黄金世界"？

这个问题是一个很重要的问题，因为这是今日我们不能避免的新旧文化问题的一个重要之点。如果三百年前的中国真是"一个由美德筑成的黄金世界"，那么，我们还做什么新文化运动呢？我们何不老老实实地提倡复古呢？黄金世界既然在三百年前，我们只须努力回到觉罗皇帝以前的"美德筑成的黄金世界"就是了。

不幸叶部长的名论终不能叫我们心服。叶部长做了几年大事业，似乎把中国历史忘记了。叶部长似乎忘了女子缠足已有了一千年的历史，全国士子做八股也有五六百年的历史，张献忠之前也曾有过魏忠贤，魏忠贤之前有过刘瑾，刘瑾之前也曾有过仇士良，有过十常侍。叶部长似乎又忘了白莲教之前也曾有过提倡烧指焚身的佛教，也曾有过最下流的拜生殖器的各种中古宗教。叶部长似乎又忘了张竞生博士以前也曾有过提倡"饿死事极小，失节事极大"的吃人礼教和无数无数血泪筑成的贞节牌坊。叶部长似乎又忘了洋大人和外交人才以前也曾有过五胡之乱和辽金元的征服。

然而叶部长正式宣传道，三百年前的中国"本来是一个由美德筑成的黄金世界”！

我们从新文化运动者的立场，不能不宣告叶部长在思想上是一个反动分子，他所代表的思想是反动的思想。

*　　*　　*　　*　　*

我们看了叶部长的言论以后，不能不进一步质问：叶部长所代表的反动思想究竟有几分可以代表国民党？国民党时时打起“铲除封建势力，打倒封建思想”的旗帜，何以国民党中的重要人物会发表这样拥护传统文化的反动思想呢？究竟国民党对于这个新旧文化的问题抱什么态度呢？在近年的新文化运动史上国民党占什么地位呢？

要解答这几个问题，我们不能不先看看国民党当国以来实地设施的事实。我们可以举几组的事实做例。

近年的新文化运动的最重要的方面是所谓文学革命。前两个月，有一位国民党党员张振之先生发表了一篇《知难行易的根本问题》，内中引了戴季陶先生在《国民革命与中国国民党》内说的话，戴先生说：

> 再说民国三年的时候，大家倘若肯一致赞成“文字革命”的主张，以革命党的党义来鼓吹起来，何至于要等到民国八年才让陈独秀、胡适之来出风头？（今年八月二十八日上海民国日报）

谁来出风头，这是极小的事。但是我们至少要期望一个革命政府成立之日就宣布一切法令公文都改用国语。这点子小小风头，总应有人敢出吧？但是国民党党国已近两年了，到了今日，我们还不得不读骈文的函电，古文的宣言，文言的日报，文言的法令！国民党天天说要效法土耳其，但新土耳其居然采用了拉丁字母了，而我们前几天还在恭读国民政府文官长古应芬先生打给阎锡山先生的骈四俪六的贺电！

在徐世昌做总统，傅岳芬做教育总长的时代，他们居然敢下令废止文言的小学科教书，改用国语课本。但小学用国语课本，而报纸和法令公文仍旧用古文，国语的推行是不会有多大效力的；因为学了国语文而不能看报，不能做访员，不配做小书记，谁还肯热心去学白话呢？一个革命的政府居然维持古文骈文的寿命，岂不是连徐世昌、傅岳芬的胆气都没有吗？

在这一点上，我们不能不说今日国民政府所代表的国民党是反动的。

再举思想自由作例。新文化运动的一件大事业就是思想的解放。我们当日批评孔孟，弹劾程朱，反对孔教，否认上帝，为的是要打倒一尊的门户，解放中国的思想，提倡怀疑的态度和批评的精神而已。但共产党和国民党合作的结果，造成了一个绝对专制的局面，思想言论完全失了自由。上帝可以否认，而孙中山不许批评。礼拜可以不做，而总理遗嘱不可不读，纪念周不可不做。一个学者编了一部历史教科书，里面对于三皇五帝表示了一点怀疑，便引起了国民政府诸公的义愤，便有戴季陶先生主张要罚商务印书馆一百万元！一百万元虽然从宽豁免了，但这一部很好的历史教科书，曹锟、吴佩孚所不曾禁止的，终于不准发行了！[①]

至于舆论呢？我们花了钱买报纸看，却不准看一点确实的新闻，不准读一点负责任的评论。一个负责任的学者说几句负责任的话，讨论一个中国国民应该讨论的问题，便惹起了五六个省市党部出来呈请政府通缉他，革掉他的校长，严办他，剥夺他的公权！然而蒋介石先生在北平演说，叶楚伧先生在南京演说，都说：上海的各大报怎么没有论说呢？

所以在思想言论自由的一点上，我们不能不说国民政府所代表的国民党是反动的。

再举文化问题本身做个例。新文化运动的根本意义是承认中国旧文化不适宜于现代的环境而提倡充分接受世界的新文明。但国民党至今日还在那里高唱“抵制文化侵略”！还在那里高谈“王道”和“精神文明”！还在那里提倡“国术”和“打擂台”！祀孔废止了，但两个军人（鲁涤平、何键）[②]

---

① 史学家顾颉刚于1922年编写了历史教科书《本国史》，胡适是此书的推荐者和校订者，书中对三皇五帝的真实性提出了怀疑。南京国民政府成立后出台《历史课程标准》，要求所有历史教科书均按标准的规定修改内容。1929年，未主动修改且发行量颇高的《本国史》教科书被政府禁止发行。当时政府代表戴季陶的理由是：“中国目前能够团结为一个整体，全是因为人民共同相信有一个祖先。如今竟然说三皇五帝是不存在的，这等于把作为一个整体的全国人民给解散了，这当然不是一件小事。”此事被胡适等人视为国民党压制思想自由的表现。

② 鲁涤平（1887–1935），湖南宁乡人。民国时期高级将领，1928年6月任湖南省主席。何键（1887– 1956），湖南醴陵人，民国时期高级将领，1929年2月任湖南省代理省主席，1937年调离湖南，共统治湖南九年。鲁涤平、何键自1928年起，在湖南省内推行尊孔祀孔运动，颇有影响。二人曾共同向中央政府发电请求纪念孔子。

的一道电报便可以叫国民政府马上恢复孔子纪念日。中央宣传部长叶楚伧现在对我们宣传“中国本来是一个由美德筑成的黄金世界”，但叶部长还把这个黄金世界放在觉罗皇帝以前，去年何键先生便进一步，说现在的思想紊乱和道德堕落都是“陈匪独秀胡适”两个人的罪恶了！我们等着吧，“回到黄金世界”的喊声大概不久就会起来了！

所以在这对文化问题的态度上，我们也不能不说国民党是反动的。

* * * * *

以上不过列举三项事实来说明，至少从新文化运动的立场看来，国民党是反动的。

这些事实不是孤立的，也不是偶然的。国民党对于新文化运动的态度，国民党对于中国旧文化的态度，都有历史的背景和理论的根据。根本上国民党的运动是一种极端的民族主义运动，自始便含有保守的性质，便含有维护传统文化的成分。因为国民党本身含有这保守性质，故起来了一些保守的理论。这种理论便是后来当国时种种反动行为和反动思想的根据了。

这个解释并不是诬诬国民党，也不是菲薄国民党，只是叙述一件历史事实，用来解释一些现象。这个历史事实的说明，也许还可以给国民党中的青年份子一个自觉地纠正这种反动倾向的机会。

本来凡是狭义的民族主义的运动，总含有一点保守性，往往倾向到颂扬固有文化，抵抗外来文化势力的一条路上去。这是古今中外的一个通例，国民党自然不是例外。试看拿破仑以后的德国民族运动，普法战争以后的法国民族运动，试读民族国家主义的哲学的创始者菲希脱（Fichto）的《告德国国民书》，便可以明白这个历史通例。凡受外力压迫越厉害，则这种拥护旧文化的态度越坚强。例如印度人在英国统治之下，大多数民族主义者都竭力替印度旧宗教旧文化辩护。有时候他们竟故意作违心之论。前年我在康桥大学的世界学生会茶会上谈话，指出东方文明的弱点；散会之后，几个印度学生陪我走回寓，他们都说我的主张不错，但他们却不便如此公开主张。我说，“为什么不说老实话呢？”他们说：“如果今天我们印度学生这样批评东方文明，明天英国报纸上便要说我们承认英国统治了。”

中国的民族主义的运动所以含有夸大旧文化和反抗新文化的态度，其根本原因也是因为在外力压迫之下，总有点不甘心承认这种外力背后的文化。这里面含有很强的感情作用，故偏向理智的新文化运动往往抵不住这种感情的保守态度。国民党里便含有这种根据于民族感情的保守态度，这是不可讳也不必讳的历史事实。国民党的力量在此，他的弱点也在此。

中国的新文化运动起于戊戌维新运动。戊戌运动的意义是要推翻旧有的政制而采用新的政制。后来梁启超先生办《新民丛报》，自称“中国之新民”，著了许多篇《新民说》，指出中国旧文化缺乏西方民族的许多“美德”，如公德、国家思想、冒险、权利思想、自由、自治、进步、合群、毅力、尚武等等；他甚至于指出中国人缺乏私德！这样推崇西方文明而指斥中国固有的文明，确是中国思想史上的一个新纪元。同时吴趼人、刘铁云、李伯元等人的“谴责小说”[①]，竭力攻击中国政治社会的腐败情形，也是取同样的一种态度。

但那时国内已起了一种“保存国粹”的运动。这运动有两方面。王先谦、叶德辉、毛庆蕃诸人的“存古运动”，自然是完全反动的，我们且不论。还有一方面是一班新少年也起来做保存国粹的运动，设立“国学保存会”，办《国粹学报》，开“神州国光社”，创立“南社”。他们大都是抱着种族革命的志愿的，同时又都是国粹保存者。他们极力表彰宋末明末的遗民，借此鼓吹种族革命；他们也做过一番整理国故的工作，但他们不是为学问而做学问，只是借学术来鼓吹种族革命并引起民族的爱国心。他们的运动是一种民族主义的运动，所以他们的领袖人才，除了邓实、刘光汉几个人之外，至今成为国民党的知识分子。柳亚子、陈去病、黄节、叶楚伧、邵力子……诸先生都属于这个运动。因为这个缘故，国民党中自始便含有保存国粹国光的成分。

孙中山先生虽然不是国粹学报或南社中人，但他对于中

---

① 吴趼人（1866–1910），笔名我佛山人，著有《二十年目睹之怪现状》；刘铁云，即刘鹗（1857–1909），字铁云，笔名洪都百炼生，著有《老残游记》；李伯元（1867–1907），名宝嘉，著有《官场现形记》。这三部小说与曾朴的《孽海花》合称晚清四大谴责小说。

国固有的文明也抱一种颂扬维护的态度。他是一个基督徒，又是一个世界主义者，但他的民族思想很强，到了晚年更认定民族主义是俄国革命成功的要素，故在他的《三民主义》第四第六讲里很有许多夸大中国古文化的话。例如他说：

> 我们中国四万万人不但是很和平的民族，并且很文明的民族。近来欧洲盛行的新文化，和所讲的无政府主义与共产主义，都是我们中国几千年以前的旧东西。……我们中国的新青年，未曾过细研究中国的旧学说，便以为这些学说就是世界顶新的了，殊不知道在欧洲是最新的，在中国就有了几千年了。（第四讲）

这种说法，在中山先生当时不过是随便说说，而后来《三民主义》成为一党的经典，这种一时的议论便很可以助长顽固思想，养成夸大狂的心理，而阻碍新思想的传播。

中山先生又说：

> 欧洲之所以驾乎我们中国之上的，不是政治哲学，完全是物质文明。……至于讲到政治哲学的真谛，欧洲人还要求之于中国。（第四讲）

他又说：

> 讲到中国固有的道德，中国人至今不能忘记的，首是忠孝，次是仁爱，其次是信义，其次是和平。这些旧道德，中国人至今还是常讲的。但是现在受外来民族的压迫，侵入了新文化；那些新文化的势力此刻横行中国。一般醉心新文化的人，便排斥旧道德，以为有了新文化便可以不要旧道德。不知道我们固有的东西，如果是好的，当然是要保存，不好的才可以放弃。（第六讲）

这些话都可以表示中山先生实在不能了解当时的新文化运动的态度。新文化运动的大贡献在于指出欧洲的新文明不但是物质文明比我们中国高明，连思想学术，文学美术，风俗道德都比我们高明得多。陈独秀先生曾指出新文化运动只是拥护两位先生，一位是赛先生（科学），一位是德先生（民治）。吴稚晖先生后来加上一位穆拉尔姑娘（道德）。中山先生既欢迎科学，又分明推崇民治政治，却不幸在这里极力用夸大的口气，抬高中国的旧政治思想和旧道德，说话之间稍有轻重，便使读者真以为中山先生相信“欧洲的新文化都是我们中国几千年以前的旧东西”了。这种附会的见解，在三四十年前的老新党的言论里毫不足奇怪，但在中山先生的讲演里便是很可诧异，更可惋惜的了。

中山先生又曾说：

> 中国从前的忠孝、仁爱、信义种种的旧道德，

固然是驾乎外国人，说到和平的道德，更是驾乎外国人。（第六讲）

三十年周游欧美的孙中山先生尚且说这样没有事实根据的话，怪不得不曾出国门的叶楚伧先生要说“中国本来是一个由美德筑成的黄金世界”了！在这一点上，我们不能不佩服吴稚晖先生的伟大。他老人家在六十岁时还能大胆地宣言中国人的道德低浅，而西洋人的道德高明。孙中山先生也并非不明白这种事实，不过他正在讲“民族主义”，故不能不绕弯子，争面子。例如他讲“仁爱”，曾说：

照这样实行一方面讲起来，仁爱的好道德，中国现在似乎还不如外国。中国所以不如的原故，不过是中国人对于仁爱没有外国人那样实行。但是仁爱还是中国的旧道德。

这是很费力的回护。更隔几分钟，他便轻轻地宣言中国从前的仁爱也是“驾乎外国人”的了。吴稚晖先生是个世界主义者，没有卫道的热心，故他敢老实说西洋人“什么仁义道德，孝弟忠信，吃饭睡觉，无一不较有作法，较有热心”。

但吴老先生这种论调是国民党中的“国粹”分子所不能了解的。

*　*　*　*　*

以上所说，都可以证明国民党的历史上本来便充满着这保存国粹和夸大传统文化的意味。民国八年五月以后，国民党受了新文化运动的大震动，决计加入新文化的工作，故这种历史的守旧性质和卫道态度暂时被压下去了，不很表现在《星期评论》、《建设》、《觉悟》的论坛里。民国十三年改组以后，国民党中吸收了许多少年新分子，党的大权渐渐移入一班左倾的激烈分子手里，稍稍保守的老党员都被摈斥了。所以这种历史的反动倾向更不容易出现了。直到近两年中，钟摆又回到极右的一边，国民党中的暴烈分子固然被淘汰了，而稍有革新倾向的人也就渐渐被这沙汰的运动赶出党外，于是国民党中潜伏着的守旧势力都一一活动起来，造成今日的反动局面。

即如上文指出国民党对于文学革命的态度，我们从历史上看去，毫不足奇怪。许多国民党的领袖人物，如孙中山、汪精卫、王宠惠诸先生对于新文学运动都曾表示不赞成的态度。国粹保存家与南社诗人反对新文学，更不用说了。中山先生在《孙文学说》第三章里，很明白地说古文胜于白话，他说：

> 言语有变迁而无进化，而文字则虽仍古昔，其使用之技术实日见精研。所以中国语言为世界中之粗劣者；往往文字可达之意，言语不得而传。是则中国人非不善为文，而拙于用语者也。亦唯文字可传久远，故古人所作，模仿匪难；至于言语，非无杰出之士妙于修辞，而流风余韵无所寄托，随时代而俱湮，故学者无所继承。然则文字有进

化而言语转见退步者，非无故矣。抑欧洲文字基于音韵，音韵即表言语，言语有变，文字即可随之。中华制字以象形会意为主，所以言语虽殊，而文字不能与之俱变。要之，此不过为言语之不进步，而中国人民非有所关于文字，历代能文之士，其所创作，突过外人，则公论所归也。

这种见解的大错误，九年前我在《国语的进化》一篇里（《胡适文存》卷三，《国语文法概论》）已有详细的驳论了。中山先生此书成于民国八年春间，在《新青年》同人提倡文学革命之后二年，他这种议论大概是暗指这个运动的。他在当时很不赞成白话文学的主张，这是很明白的。这种议论虽然是他个人一时的错误，但也很可以作为后来国民党中守旧分子反对新文学的依据。中山先生有“手不释卷”的名誉，又曾住过欧美，他尚且说中国“历代能文之士，其所创作，突过外人”，怪不得一班不能读外国文学的国粹家和南社文人要拥护古文骈文了！

民国八年五月以后，国民党的刊物几乎都改用白话了，《星期评论》和《觉悟》成了南方的新文学重要中心。然而十年之后，革命的国民党成了专政的国民党了，新文学和新思想的假面具都可以用不着了，于是保存国粹的喊声渐渐起来，于是古文骈文的死灰又复燃了。八九年前在新文学的旗帜之下摇旗呐喊的人物，到今年双十节便公然宣告胡适的《尝试集》和同善社和《性欲丛书》是同样害人的恶势力了。这种情形，毫不足奇怪，因为在拥护古文骈文的局面之下，《尝试集》当然成了罪魁祸首了。这不是死文学的僵尸复活，这不过是国民党原有的反动思想的原形呈现而已。

*　　*　　*　　*　　*

我们这样指出国民党历史上的反动思想，目的只是要国民党的自觉。一个在野政客的言论是私人的言论，他的错误是他自身的责任。但一个当国的政党的主张便成了一国的政策的依据，便是一国的公器，不是私人责任的问题了。一个当国专政的政党的思想若含有不合时代的反动倾向，他的影响可以阻碍一国文化的进步。所以我们对于国民党的经典以及党中领袖人物的反动思想，不能不用很诚实的态度下恳切的指摘。过去历史上的错误是不用讳饰的；但这种错误思想，若不讨论个明白分晓，往往可以有很大的恶影响；个人的偏见可以成为统治全国的政策；一时的谬论可以成为教育全国的信条。所以我们要明白指出国民党里有许多思想在我们新文化运动者的眼里是很反动的。如果国民党的青年人们不能自觉地纠正这种反动思想，那么，国民党将来只能渐渐变成一个反时代的集团，决不能作时代的领导者，决不能担负建立中国新文化的责任。

孙中山先生在“五四运动”以后曾有很热烈的赞叹新文化运动的话，他说：

自北京大学学生发生五四运动以来，一般爱国青年无不以新思想为将来革新事业之预备，于是蓬蓬勃勃，发抒言论。国内各界舆论一致同倡。各种新出版物为热心青年所举办者，纷纷应时而出，扬葩吐艳，各极其致。社会遂蒙绝大之影响。虽以顽劣之伪政府，犹且不敢撄其锋。此种新文化运动在我国今日诚思想界空前之大变动。推原其始，不过由于出版界之一二觉悟者从事提倡。遂至舆论放大异彩，学潮弥漫全国，人皆激发天良，誓死为爱国之运动。尚能继长增高，其将来收效之伟大且久远者，可无疑也。吾党欲收革命之成功，必有赖于思想之变化。兵法攻心，语曰革心，皆此之故。故此种新文化运动实为最有价值之事。（九年一月二十九日，与海外同志募款筹办印刷机关书——《孙中山全集》，三民公司本，第四集，二，页二七——二八）

中山先生在此时虽然只把新文化运动看作政治革命的一种有力的工具，但他已很明白地承认“吾党欲收革命之成功，必有赖于思想之变化”。今日的国民党到处念诵‘革命尚未成功’，却全不想促进“思想之变化”！所以他们天天摧残思想自由，压迫言论自由，妄想做到思想的统一。殊不知统一的思想只是思想的僵化，不是谋思想的变化。用一个人的言论思想来统一思想，只可以供给一些不思想的人的党义考试夹带品，只可以供给一些党八股的教材，决不能变化思想，决不能靠此“收革命之成功”。

十年以来，国民党所以胜利，全靠国民党能有几分新觉悟，能明白思想变化的重要。故民国七八年之间，孙中山先生还反对白话文，而八年“五四运动”以后，中山先生便命他的同志创办《星期评论》和《建设》杂志，参加新文化运动。这便是国民党的“思想之变化”。十三年的改组，便是充分吸收新文化运动的青年，这又是国民党的“思想之变化”。八年的变化使国民党得着全国新势力的同情。十三年的变化使国民党得着革命的生力军。这是历史的事实。

现在国民党所以大失人心，一半固然是因为政治上的设施不能满人民的期望，一半却是因为思想的僵化不能吸引前进的思想界的同情。前进的思想界的同情完全失掉之日，便是国民党油干灯草尽之时。

国民党对于我这篇历史的研究，一定有很生气的。其实生气是损人不利已的坏脾气。国民党的忠实同志如果不愿意自居反动之名，应该做点真实不反动的事业来给我们看看。至少至少，应该做到这几件事：

(1) 废止一切“鬼话文”的公文法令，改用国语。

(2) 通令全国日报，新闻论说一律改用白话。

(3) 废止一切钳制思想言论自由的命令，制度，机关。

(4) 取消统一思想与党化教育的迷梦。

(5) 至少至少，学学专制帝王，时时下个求直言的诏令！

如果这几件最低限度的改革还不能做到，那么，我的骨头烧成灰，将来总有人会替国民党上“反动”的谥号的。

十八，十一，二十九。

胡适

知难，行亦不易

——孙中山先生的“行易知难说”述评

（一） 行易知难说的动机

《孙文学说》的《自序》是民国七年（1918）十二月三十日在上海作的。次年（1919）五月初，我到上海来接杜威先生[①]；有一天，我同蒋梦麟先生去看中山先生，他说他新近做了一部书，快出版了。他那一天谈的话便是概括地叙述他的“行易知难”的哲学。后来杜威先生去看中山先生，中山谈的也是这番道理。（本书第四章之末也说，“当此书第一版付梓之夕，适杜威博士至沪，予特以此质证之。”）

① 约翰·杜威（John Dewey，1859–1952），美国现代哲学家、教育家。杜威是实用主义哲学的集大成者，美国20世纪最有影响力的教育家。杜威完整地建造了实用主义的理论大厦，使实用主义成为美国特有的文化现象，其著作极为丰富，涉及科学、艺术、宗教伦理、政治、教育、社会学、历史学和经济学诸方面，代表作有《哲学之改造》、《民主与教育》等。胡适、蒋梦麟、陶行知均为杜威的弟子。杜威于1919年受邀访问中国，先后在北京、南京、杭州、上海、广州等地讲学，影响巨大。胡适称：“自从中国与西洋文化接触以来，没有一个外国学者在中国思想界的影响有杜威先生这样大的。”

大概此书作于七年下半，成于八年春间。到六七月间，始印成出版。

这个时代是值得注意的。中山先生于七年五月间非常国会辞去大元帅之职；那时旧式军阀把持军政府，中山虽做了七总裁之一，实际上没有做事的机会，后来只好连总裁也不做了，搬到上海来住。这时候，世界大战争刚才停战，巴黎的和会还未开，全世界都感觉一种猛烈的兴奋，都希望有一个改造的新世界。中山先生在这个时期，眼见安福部横行于北方。桂系军阀把持于南方，他却专心计划，想替中国定下一个根本建设的大方略。这个时期正是他邀了一班专家，着手做《建国方略》的时候。他的《实业计划》的一部分，此时正在草创的时期；其英文的略稿成于八年的一月。

他在发表这个大规模的《建国方略》之前，先著作这一部导言，先发表他的“学说”，先提出这个“行易知难”的哲学。

为什么呢？他自己很悲愤地说：

> 文奔走国事三十余年，毕生学力尽萃于斯；精诚无间，百折不回；满清之威力所不能屈，穷途之困苦所不能扰。吾志所向，一往无前，愈挫愈奋，再接再励。用能鼓动风潮，造成时势。卒赖全国人心之倾向，仁人志士之赞襄，乃得推覆专制，创建共和。本可从此继进，实行革命党所抱持之三民主义、五权宪法，与夫革命方略所规

定之种种建设宏模，则必能乘时一跃而登中国于富强之域，跻斯民于安乐之天也。不图革命初成，党人即起异议，谓予所主张者理想太高，不适中国之用。众口铄金，一时风靡。同志之士，亦悉惑焉。是以予为民国总统时之主张，反不若为革命领袖时之有效而见之施行矣。此革命之建设所以无成，而破坏之后国事更因之以日非也。

夫去一满洲之专制，转生出无数强盗之专制，其为毒之烈，较前尤甚，于是民愈不聊生矣。溯夫吾党革命之初心，本以救国救种为志，欲出斯民于水火之中，而登之衽席之上也。今乃反令之陷水益深，蹈火益热，与革命初衷大相违背者，此固予之德薄无以化格同侪，予之能鲜不足驾驭群众，有以致之也。然而吾党之士于革命宗旨革命方略亦难免有信仰不笃奉行不力之咎也。而其所以然者，非尽关乎功成利达而移心，实多以思想错误而懈志也。

此思想之错误为何？即“知之非艰，行之唯难”之说也。此说始于傅说对武丁之言，由是数千年来，深中于中国之人心，已成牢不可破矣。故予之建设计划一一皆为此说所打消也。呜呼！此说者，予生平之最大敌也。其威力当万倍于满清。夫满清之威力不过只能杀吾人之身耳，而不能夺吾人之志也。乃此敌之威力则不唯能夺吾人之志，且足以迷亿兆人之心也。是故当满清之世，予之主张革命也，犹能日起有功，进行不已。唯自民国成立之日，则予之主张建设，反致半筹莫展，一败涂地。吾三十年来精诚无间之心，几为之冰消瓦解，百折不回之志几为之槁木死灰者，此也！可畏哉此敌！可恨哉此敌！

兵法有云，“攻心为上”。……满清之颠覆者，此心成之也。民国之建设者，此心败之也。夫革命党之心理，于成功之始，则被“知之非艰行之唯难”之说所奴，而视吾策为空言，遂放弃建设之责任。……七年以来，犹未睹建设事业之进行，而国事则日形纠纷，人民则日增痛苦。午夜思维，不胜痛心疾首。夫民国之建设事业，实不容一刻视为缓图者也。国民！国民！究成何心。不能乎？不行乎？不知乎？吾知其非不能也，不行也。亦非不行也，不知也。倘能知之，则建设事业亦不过如反掌折枝耳。

回顾当年，予所耳提面命而传授于革命党员，而被河汉为理想空言者，至今观之，适为世界潮流之需要，而亦当为民国建设之资材也。乃拟笔之于书，名曰《建国方略》，以为国民所取法焉。然尚有踌躇审顾者，则恐今日国人社会心理犹是七年前之党人社会心理也，依然有此“知之非艰行之唯难”之大敌横梗于其中，则其以吾之计划为理想空言而见拒也，亦若是而已矣。故先作学说，以破此心理之大敌，而出国人之思想于迷津。庶

几吾之建国方略或不致再被国人视为理想空谈也。（《自序》）

这篇《自序》真是悲慨沉痛的文章。中山先生以三十年的学问，三十年的观察，作成种种建设的计划，提出来想实行，万不料他的同志党人，就首先反对。客气的人说他是“理想家”，不客气的人嘲笑他是“孙大炮”！中山先生忠厚对人，很忠厚地指出他们所以反对他，“非尽观乎功成利达而移心，实多以思想错误而懈志”。此思想的错误，中山认为只是“知易行难”的一个见解。这个错误的见解，在几千年中，深入人心，成了一种迷信，他的势力比满清还可怕，比袁世凯还可怕。满清亡了，袁世凯倒了，而此“知易行难”的谬说至今存在，使中山的大计划“半筹莫展，一败涂地”。所以中山先生要首先打倒这个“心理之大敌”。这是他的“学说”的动机。

要打倒这个大敌，所以他提出一种“心理建设”。他老实不客气地喊道：

> 夫国者，人之积也。人者，心之器也。而国事者，一人群心理之现象也。是故政治之隆污，系乎人心之振靡。吾心信其可行，则移山填海之难，终有成功之日。吾心信其不可行，则反掌折枝之易，亦无收效之期也。心之为用大矣哉。夫心也者，万事之本源也。满清之颠覆者，此心成之也。

民国之建设者，此心败之也。（《自序》参看页七七论宣誓一段。）

迷信“唯物史观”的人，听了这几句话，也许要皱眉摇头。但这正是中山先生的中心思想。若不懂得这个中心思想，便不能明白他的“有志竟成”的人生哲学。

（二）行易知难的十证

中山先生的“学说”只是“行易知难”四个字。他举了十项证据来证明他的学说：

（1）饮食

（2）用钱

（3）作文

（4）建筑

（5）造船

（6）长城与欧洲的战壕

（7）运河

（8）电学

（9）化学制造品：豆腐，磁器。

（10）进化

这十项证据，原书说得很详细，不用我来详细说明了。

这十项之中，有几项是证明“不知亦能行”的，如饮食，婴孩一堕地便能做，鸡雏一离蛋壳便能做，但近世的科学专家到今日尚不能知道饮食的种种奥妙。但大部分的证据都是证明知识之难能而可贵的，如造船，施工建造并不为难。所难者绘图设计耳。倘计划既定，按图施工，则成效可指日而待矣。

如无线电报，当研究之时代，费百年之工夫，竭无数学者之才智，各贡一知，而后得完全此无线电之知识。及其知识真确，学理充满，乃本之以制器，则无所难矣。……其最难能可贵者则为研求无线电知识之人。学识之难关一过，则其他之进行有如反掌矣。

这些证据都是要使我们明白知识是很难能的事，是少数天才人的事。少数有高深知识的人积多年的研究，定下计划，打下图样，便可以交给多数工匠去实行。工匠只须敬谨依照图样做去，自然容易成功。“此知行分任而造成一屋者也。”中山先生的意思一面教人知道“行易”，一面更要人知道“知难”。

（三）“行易知难”的真意义

中山先生自己说：

> 予之所以不惮其烦，连篇累牍，以求发明行易知难之理者，盖以此为救中国必由之道也。（页五五）

他指出中国的大病是暮气太深，畏难太甚。

> 中国近代之积弱不振奄奄待毙者，实为知之非艰行之唯艰一说误之也。此说深中于学者之心理，由学者而传于群众，则以难为易，以易为难，遂使暮气畏难之中国，畏其所不当畏，而不畏其所当畏。由是易者则避而远之，而难者又趋而近之。始则欲求知而后行，及其知之不可得也，则唯有望洋兴叹而放去一切而已。间有不屈不挠之士，费尽生平之力以求得一知者，而又以行之为尤难，则虽知之而仍不敢行之。如是不知固不欲行，而知之又不敢行，则天下事无可为者矣。此中国积弱衰败之原因也。夫畏难本无害也。正以有畏难之心，乃适足导人于节劳省事，以取效呈功。此为经济之原理，亦人生之利便也。唯有难易倒置，使欲趋避者无所适从，斯为害矣。（页五五）

他要人明白“不知亦能行之，知之则必能行之，知之则更易行之。”他考察人类进化的历史，看出三个时期：

> 第一，由草昧进文明，为不知而行之时期。

第二，由文明再进文明，为行而后知之时期。

第三，自科学发明后，为知而后行之时期。

凡物类与人类，为需要所逼迫，都会创造发明。鸟能筑巢，又能高飞。这都是不知而能行的明证。我们的老祖宗制造豆腐，制造磁器，建筑长城，开辟运河，都是不知而行的明证。西洋人行得越多，知得也越多；知多了，行得也更多。他们越行越知，越知越行。我们却受了暮气的毒，事事畏难，越不行，越不知，便越不行。

救济之法，只有一条路，就是力行。但力行却也有一个先决的条件，就是要服从领袖，要服从先知先觉者的指导。中山先生说人群进化可分三时期，人的性质也可分做三系：

其一，先知先觉者，为创造发明。

其二，后知后觉者，为仿效进行。

其三，不知不觉者，为竭力乐成。

第一系为发明家，第二系为鼓吹家，第三系为实行家，其中最有关系的是那第二系的后知后觉者。他们知识不够，偏要妄想做先知先觉者；他们不配做领袖，偏要自居于领袖；他们不肯服从发明家的理想计划，偏爱作消极的批评。他们对于先知先觉者的计划，不是说他们思想不彻底，便是说他们理想太高，不切实用。所以中山先生说：

行之之道为何？即全在后觉者之不自惑以惑

人而已。

力行之道不是轻理想而重实行，却正是十分看重理想知识。“行易知难”的真意义只是要我们知道行是人人能做的，而知却是极少数先知先觉者的责任。大多数的人应该崇拜知识学问，服从领袖，奉行计划。那中级的后知后觉者也只应该服从先知先觉者的理想计划，替他鼓吹宣传，使多数人明白他的理想，使那种种理想容易实行。所以中山先生说：

> 中国不患无实行家，盖林林总总者皆是也。乃吾党之士有言曰：“某也理想家也，某也实行家也。”其以二三人可为改革国事之实行家，真谬误之甚也。不观今之外人在上海所建设之宏大工厂，繁盛市街，崇伟楼阁，其实行家皆中国之工人也。而外人不过为理想家计划家而已，并未有躬亲实行其建设之事也。故为一国之经营建设，所难得者非实行家也，乃理想计划家也。而中国之后知后觉者，皆重实行而轻理想矣。是犹治化学而崇拜三家村之豆腐公，而忽于裴在辂、巴斯德等宿学也。是犹治医学而崇拜蜂虫之蜾蠃，而忽于发明蒙药之名医，盖豆腐公为生物化学之实行家，而蜾蠃为蒙药之实行家也。有是理乎！乃今之后知后觉者，悉中此病，所以不能鼓吹舆论，倡导文明，而反足混乱是非，阻碍进化也。是故革命以来建设事业不能进行者，此也。予于是乎

不得不彻底详辟，欲使后知后觉者，了然于向来之迷误，而翻然改图，不再为似是而非之说以惑世，而阻挠吾林林总总之实行家，则建设前途大有希望矣。（页六一——六二）

所以“行易知难”的学说的真意义只是要使人信仰先觉，服从领袖，奉行不悖。中山先生著书的本意只是要说：“服从我，奉行我的建国方略”。他虽然没有这样明说，然而他在本书的第六章之后，附录《陈英士致黄克强书》（页七九——八七），此书便是明明白白地要人信仰孙中山，奉行不悖。英士先生在此书里痛哭流涕地指出民党第五次重大之失败都是因为他们“认中山之理想为误而反对之，致于失败”。他说：

唯其前日认中山先生之理想为误，皆致失败，则于今日中山先生之所主张，不宜轻以为理想而不从，再贻他日之悔。

夫人之才识与时并进，知昨非而今日未必是，能取善斯不厌从人。鄙见以为理想者事实之母也。中山先生之提倡革命，播因于二十年前。当时反对之者，举国士夫，殆将一致。乃经二十年后，卒能见诸实行者，理想之结果也。使吾人于二十年前即赞成其说，安见所悬理想必迟至二十年之久始得收效？抑使吾人于二十年后犹反对之，则中山先生之理想不知何时始克形诸事实，或且终不成效果至于靡有穷期者，亦难逆料也。故中山先生之理想能否证实，全在吾人之视察能否了解，能否赞同，以奉行不悖是已。

“孙文学说”的真意义只是要人信仰“孙文学说”，奉行不悖。此意似甚浅，但我们细读此书，不能不认这是唯一可能的解释。

（四）批评

行易知难的学说是一种很有力的革命哲学。一面要人知道“行易”，可以鼓舞人勇往进取。一面更要人知道“知难”，可以提倡多数人对于先知先觉者的信仰与服从。信仰领袖，服从命令，一致进取，不怕艰难，这便是革命成功的条件。所以中山说这是必要的心理建设。

孙中山死后三四年中，国民党继续奉他做领袖，把他的遗教奉作一党的共同信条，极力宣传。“共信”既立，旗帜便鲜明了，壁垒也便整齐了。故三四年中，国民革命军的先声夺人，所向都占胜利。北伐的成功，可说是建立“共信”的功效。其间稍有分裂，也只为这个共信上发生了动摇的危险。但反共分共所以能成功，也都还靠着这一点点“共信”做个号召的旗帜。

故这三年的革命历史可说是中山先生的学说添了一重证据，证明了服从领袖奉行计划的重要，证明了建立共同信仰的重要，证明了只要能奉行一个共同的信仰，革命的一切困难都可以征服。

但政治上的一点好成绩不应该使我们完全忽视了这个学说本身的一些错误。所以我想指出这个学说的错误之点，和从这些错误上连带发生的恶影响。

行易知难说的根本错误在于把“知”“行”分得太分明。中山的本意只要教人尊重先知先觉，教人服从领袖者，但他的说话很多语病，不知不觉地把“知”“行”分做两件事，分做两种人做的两类的事。这是很不幸的。因为绝大部分的知识是不能同“行”分离的，尤其是社会科学的知识。这绝大部分的知识都是从实际经验（行）上得来：知一点，行一点；行一点，更知一点——越行越知，越知越行，方才有这点子知识。三家村的豆腐公也不是完全没有知识；他做豆腐的知识比我们大学博士高明得多多。建筑高大洋房的工人也不是完全没有知识；他们的本事也是越知越行，越行越知，所以才有巧工巧匠出来。至于社会科学的知识，更是知行分不开的。五权与九权的宪法，都不是学者的抽象理想，都只是某国某民族的实行的经验的结果。政治学者研究的对象只是历史、制度、事实——都是“行”的成绩。行的成绩便是知，知的作用便是帮助行，指导行，改善行。政治家虽然重在实行，但一个制度或政策的施行，都应该服从专家的指示，根据实际的利弊，随时修正改革，这修正补救便是越行越知，越知越行，便是知行不能分开。

中山先生志在领导革命，故倡知难行易之说，自任知难

而勉人以行易。他不曾料到这样分别知行的结果有两大危险:

第一，许多青年同志便只认得行易，而不觉得知难。于是有打倒智识阶级的喊声，有轻视学问的风气。这是很自然的：既然行易，何必问知难呢?

第二，一班当权执政的人也就借“行易知难”的招牌，以为知识之事已有先总理担任做了，政治社会的精义都已包罗在《三民主义》、《建国方略》等书之中，中者的抽象理想，都只是某国某民族的实行的经验的结果。政治学者研究的对象只是历史、制度、事实——都是“行”的成绩。行的成绩便是知，知的作用便是帮助行，指导行，改善行。政治家虽然重在实行，但一个制度或政策的施行，都应该服从专家的指示，根据实际的利弊，随时修正改革，这修正补救便是越行越知，越知越行，便是知行不能分开。

中国人民只有服从，更无疑义，更无批判辩论的余地了。于是他们揹着“训政”的招牌，背着“共信”的名义，钳制一切言论出版的自由，不容有丝毫异己的议论。知难既有先总理任之，行易又有党国大同志任之，舆论自然可以取消了。

*　*　*　*　*

行易知难说是一时救弊之计，目的在于矫正“知之非艰，行之维艰”的旧说，故为“林林总总”之实行家说法，教人知道实行甚易。但老实说来，知固是难，行也不易。这便是行易知难说的第二个根本错误。

中山先生举了十项证据来证明行易知难，我们忍不住要问他：“中山先生，你是学医的人，为什么你不举医学做证据呢？”中山先生做过医学的工夫，故不肯举医学做证据，因为医学最可以推翻行易知难的学说。医学是最难的事，人命所关，故西洋的医科大学毕业年限比别科都长二年以上。但读了许多生理学，解剖学，化学，微菌学，药学，……还算不得医生。医学一面是学，一面又是术，一面是知，一面又是行。一切书本的学问都要能用在临床的经验上；只有从临床的经验上得来的学问与技术方才算是真正的知识。一个医生的造成，全靠知行的合一，即行即知，即知即行，越行越知，越知越行的工巧精妙。熟读了六七年的书，拿着羊皮纸的文凭，而不能诊断，不能施手术，不能疗治，才知道知固然难，行也大不易也！

岂但医生如此？做豆腐又何尝不如此？书画弹琴又何尝不如此？打球，游水，开汽车，又何尝不如此？建屋造船也何尝不如此？做文章，打算盘，也何尝不如此？一切技术，一切工艺，哪一件不如此？

治国是一件最复杂最繁难又最重要的技术，知与行都很重要，纸上的空谈算不得知，鲁莽糊涂也算不得行。虽有良法美意，而行之不得其法，也会祸民误国，行得不错，而朝令夕更，也不会得到好结果。政治的设施往往关系几千万人或几万万人的利害，兴一利可以造福于一县一省，生一弊可害无数人的生命财产。这是何等繁难的事！古人把“良医”和“良相”相提并论，其实一个庸医害人有限，而一个坏政策可以造孽无穷。医生以人命为重，故应该小心翼翼地开刀开方；政府以人民为重，故应该小心翼翼地治国。古人所以说“知之非艰，行之唯艰”，正是为政治说的，不是叫人不行，只是叫人不要把行字看得太容易，叫人不可鲁莽糊涂地胡作胡为害人误国。

民生国计是最复杂的问题，利弊不是一人一时看得出来的，故政治是无止境的学问，处处是行，刻刻是知，越行方才越知，越知方才可以行得越好。“考试”是容易谈的，但实行考试制度是很难的事。“裁兵”是容易谈的，但怎样裁兵是很难的事。现在的人都把这些事看得太容易了，故纨绔子弟可以办交通，顽固书生可以办考试，当火头出身的可以办一省的财政，旧式的官僚可以管一国的卫生。

今日最大的危险是当国的人不明白他们干的事是一件绝大繁难的事。以一班没有现代学术训练的人，统治一个没有现代物质基础的大国家，天下的事有比这个更繁难的吗？要把这件大事办得好，没有别的法子，只有充分请教专家，充分运用科学。然而“行易”之说可以作一班不学无术的军人政客的护身符！此说不修正，专家政治决不会实现。

（十八年五月改定稿）

罗隆基

专家政治

二百多年前，英国的一位大诗人说过这样两句话：

> 政府的形式，让傻子们去争；
> （For forms of government let fools contest；）
> 最好的行政，是最好的政府。
> （What'er is best administered, is best.）

这位大诗人朴浦（Alexander Pope）[1]的意思，是说在政治上行政比政体的形式要紧。果然有了好的行政，无论在哪种政体底下，人民总可以得到幸福。反之，倘没有很好的行政，无论在哪种政体底下，人民都是遭殃。

---

① 通译亚历山大·蒲柏（1688–1744），18 世纪英国著名诗人。著有《批评论》、《夺发记》、《群愚史诗》、《人论》等。

………………

在现今的中国，要谈政治，我个人亦决定抱这种态度。目前我的座右铭是：

只问行政，不管主义。

政治上的主义，如同宗教上的信仰一般。在宗教上，任凭各种宗教的信仰如何，归根到底，是劝人做好事。政治上的主义，无论内容如何，归根到底，总是谋人类的幸福。

无论什么主义，总靠好的行政去实施主义上的一切主张。没有行政，一切主义，都是空谈。行政腐败，主义天花乱坠，人民依然遭殃。

政治注重行政。大概是没有人敢否认的。二十世纪的政治，更要注重行政，二十世纪政治上的行政，已成了专门科学，二十世纪的政治行政人员，要有专门智识，换言之，二十世纪的政治，是专家政治，这是我这篇文章要说明的几点。

………………

什么是政治两字的意义？中山先生在他的《民权》第一讲里说：

政治两字的意思，浅而言之，政就是众人的事，治就是管理。管理众人的事，便是政治。

“管理”当然就是“行政”。照中山先生这般说法，简直认政治就是行政了。

其次，什么人配做这管理众人的事的人呢？

中山先生在他的《民权主义》第五讲里说：

> 现在有钱的那些人，组织公司，开办工厂，一定要请一位有本领的人来做总办去管理工厂。这种总办是专门家，就是有能的人。股东就是有权的人。工厂内的事，只有总办能够讲话，股东不过是监督总办罢了。现在民国的人民，便是股东，民国的总统，便是总办。我们人民对于政府的态度，应该要把他们当作专家看。

中山先生在同一演讲里又说：

> 现在欧美人无论做什么事，都要用专门家。譬如练兵打仗，便要用军事家。开办工厂，便要用工程师。对于政治，也知道用专门家。至于现在之所以不能实用专门家的原因，就是由于人民的旧习惯，还不能改变。但是到了现在的新时代，权与能不能不分开的，许多事情，一定要靠专门家的，是不能限制专门家的。

他又说：

> 国民是主人，就是有权的人；政府是专家，就是有能的人。由于这个道理，所以民国的政府官吏，不管他们是大总统，是内阁总理，是各部总长，我们都可以把他们当汽车夫看。

总结中山先生的意思，政治是管理民众的一切事。管理人的资格是专家。他的“权”与“能”分开的主张，他那权归民众、能在政府的学说，都是认定政府人员要有专门的本领。

………………

凭什么我说二十世纪的政治，更要注重行政？

在十八世纪与十九世纪初年的时候，在工业革命尚未完成的时代，政府所担任的责任与现在的责任，完全不同。当时，人民的思想，超重个人自由，政治上时髦的哲学是无为而治（Laissez Faire）。政府，在人民的眼光中，是免不了的恶孽（Necessary evil）。因此，政府所做的事，愈少愈好。

如今，工业革命以后的世界，一切经济的和政治的环境完全改换了。政府的责任，以及人民对政府的态度，完全改变了。

美国芝加哥大学有位教授（L. D. White）在他著的《行政学》里曾经说过：

> 工业革命以及因工业革命而发生许多社会的，

经济的，及政治的变化，对于近来新的社会哲学以及人民对行政上新的态度，应负完全责任。无为而治，已经为哲学家及政治家所放弃。团体协作，乃二十世纪流行的思潮，这种大规模的工业发展；在运输上，铁道、汽车、飞机等等新的设备；在交通上，邮政、电报、电话、无线电等等新的进步；以及人口向工业地点集中的趋势和强有力的经济阶级的结合；这一切现象，不但扩充了行政上的范围和职务，同时加增了行政上新的问题，且使旧的问题更为复杂。

他又说：

　　工业革命已令“无为而治”的思想，成为不可能的事实。新的环境已逼迫人民承认国家为团体合作及社会裁制的一种机关，国家已成为实现社会改良程序上一种重要的机关。

总而言之，工业革命以后，社会上一切经济的及政治的问题，日趋复杂。这一切问题，已经非个人或私人团体所能驾驭的了。这一切问题，是国家的责任，同时就是行政上的作业了。这是二十世纪的政治，更要注重行政的理由。

我们再看，政治上这些新的作业，若铁路、电报、汽车、飞机、采矿、殖荒，等等，哪一件不在科学的范围，哪一项不依靠科学的知识？譬如说，1921 年，有人调查美国依泥诺意州的州政府，他行政上的专家，若化学家，若微生物学家，若工程师，若物理学家，若史学家，若心理学家，若动物学家，若植物学家，若森林学家，若矿业学家，若统计学家等等，在二百五十左右，换言之，二十世纪政治上所做的大半是科学上的事。

同时，二十世纪政治上的行政，本身已经成为一种科学。行政是管理，我们已经说过。二十世纪行政的标准，是要适合经济的和能率的（Efficiency）两个条件。管理一切极复杂极繁难的社会的，经济的，及政治的作业，同时要适合经济与能率两个条件，管理本身，非采用科学的方法不可。

科学的管理法，是二十世纪一切私人及公家的组织上的一种新运动。欧美工商业上的一切大公司，大工厂，他们的行政，已经科学化了，是大家所看到的事实。同时，看看英美等国的政府，何常不是天天有许多人在研究政治上科学的行政方法？

政府，普通称为机关。机关，就是机器的意思。机器自然要专家来驾驭。

中山先生主张对于民国的官吏，我们应看他们是一班汽车夫样的专家，这是有道理的。

二十世纪的政治行政，已成了专门科学，二十世纪的行政人员，要有专门知识，就是这个意义。

………………

根据上面所说的话，我对于现在中国的政治，有下列这样的结论。

中国目前政治上紊乱的状况，根本的罪孽，是在不懂政治的人，把持国家的政权，不懂行政的人，包办国家的行政。

中国目前的政治，是在这两种恶势力夹攻之下：（一）武人政治；（二）分赃政治。

武人政治，是用不着解释的。从中央政府的政权，一直到各省政府的政权，从国的行政，一直到党的行政，都受武人的支配。这一班武人，配不配称为二十世纪的军事专家，已经是大问题了。他们在政治上，哪一个经过了相当的政治训练，哪一个得到了粗浅的政治智识？拿一班毫无政治智识，毫无政治训练的武人，来支配，操纵，且包办国家的政治，结果自然闹成今日的政治局面。叫个东洋车夫去开汽车，发生危险的事，自在意计中。中国今日的政治，就与此相类。

如今一班武人，背熟了几句党八股，开口就“资本”、“地权”，闭口就“创议”、“复决”，好像二十世纪政治和经济上的一切专门的问题，用喊口号，念标语的方法可以解决似的。大胆说一句，这一班武人，哪一个说得清楚什么是“资本”，什么是“地权”，什么是“创议”，什么是“复决”。

倘有人把一连兵士，交给我这毫无军事智识的人去指挥他们作战，我一定敬谢不敏。因为我不是军事专家。但是一班士官、保定、黄埔出来的军事专家，确不顾虑这些。他们政治上的主席，财政上的委员，各部部长，各市市长，都居之不疑。其勇气当然可佳，其结果自然可悲了。

什么是分赃政治？我们平心问问，如今中国这几十万官吏，从最高的院长，部长，一直到守门的门房，扫地的差役，是怎样产生出来的？既没有选举，又没有考试，这几十万人是不是由推荐、援引、夤缘、苟且的方法产生出来的？试问，一个国家的官吏，专靠推荐、援引、夤缘、苟且的方法来产生，这是不是拿国家的官位当赃物？这种制度，是不是分赃制度？

有人或者要说戴院长所主持的考试院已经组织就绪了，分赃制度快打破了。不过我们且不要乐观太早了。我们且读读十一月二十九日申报上这段关于考试院的消息。

考试院内部组织就绪

> 考试院铨叙部内之三司九科，及秘书处简荐任职各员，已分别任定，开始办公，委任职各员，正由临时铨叙委员会审核履历，缘自考试院筹备起至在铨叙期间止各方所介绍人员，有八九百人之多，铨叙部内只能容二百余人，考选委员会只能容百余人，故现就介绍各员中，切实审查除不合格者不计外，其履历合格者，亦令其补呈说明文件，以便汇告院长鉴定，再行委派，至考选会已派定数员，从事筹备，俟考选委员任定后，即正式组织，俾与院部同时成立，考试院印信，于正式成立时，再行启

用。二十八日。

从这段消息里，我们就知道堂堂的考试院，那一班负责任去铨叙旁人，去考试旁人的老爷们，自己的出身，就是“介绍”来的。考试院本身的组织，就是靠推荐、援引、夤缘、苟且为根据，配谈什么国家官吏的铨叙及考试？

在分赃制度盘据政局的时期中，拔茅连茹，鸡犬升天，是自然的结果。谈得上什么专家政治？

如今的分赃制度又拿着党治的招牌来做护身符。政局上又流行了“各机关用人，党人先用；各机关去人，非党人先去”的口号。这当然与“专家政治”四字南辕北辙了。谁敢说中国的政治上，党人都是专家，非党人都非专家？“党治”两字的意义，仿佛记得中山先生的解释，与如今实现的局面，有点不同。“希望党人努力做大事，不要做大官，”仿佛记得中山先生有这样的教训。这种教训，似乎如今已成了不合时宜的格言了。

主张党治的人，坚持要有“训政”时期。所谓“训政”，当然是承认政治是种专门智识，人民非经过一番训练，得到相当的政治智识，不能作政治活动。我们主张专家政治的人，姑且承认这点。

谁来训政？怎样训政？这又是我们急急要知道的两个问题。文人去练兵，武人来训政，恐怕这是同等的滑稽。倘若政治上真要训政，那些导师，当然要请政治上的专家来担任。士官，保定，黄埔出来的专家，他们或者可以训军，训政一层，恐怕用非所学了。如今，军事方面，国家费许多钱去请德国的军事专家来担任，本国的军事专家，却放弃他们的专门学术，来担任政治教练，这又是学非所用了。

留心考察考察中国近年来的政治，紊乱的现象，不在小民，实在大官，不在乡村，实在中央及地方的政府。其实，政治智识的缺乏，到底在哪一方面，实在是一个问题。到底是小民或者是官吏先要训练，这实在是大问题。中国的小民，拿来和英美的国民比较，我们小民在政治上的智识，实赶不上他们，这是应该承认的。今日中国的执政诸公，比比英美的当局，普通常识，其又如何，专门智识，其又如何？训政一层，先从官吏做起，等到一天，中国政治上的当权者，都成了政治上的专家，那时候，中国的政治问题，一定简单多多了。

其次，我们要研究怎样训政。训兵的目的是在使兵士知道如何运用枪炮。练兵的方法是给兵士一枝枪炮，使他实际练习。如今讲训政的人就不同了。他们希望人民懂政治，但不肯给人民政治权运用的机会。这又是陆地上教游泳的办法了。根本的原因，或者仍在游泳的教师，本身就不懂游泳的道理。教师就不懂下水的方法，所以他亦不敢让旁人下水游泳了。归根，又到了教师是不是专家了。

我个人谈政治，并不竞竞于空泛名词上的争论。政治的目的，是在管理众人的事。什么人有管理的知识及能力，我们小民就欢迎谁来管理。“党治”亦可以，我们先问问谈“党治”的人，是否先能“治党”。“训政”亦可以，我们先问问训练我们的人，他们政治上的知识，是否可以为训。换言之，我们要问问管理众人的事的人，是否管理上的专家。

其次，二十世纪的世界，与春秋战国时代总应该有点分别。打得赢的就出来做皇帝，这种念头，与民治政治不能并容。所谓民治云云，就是管理众人的事的一切专家，应由人民用公开的和正当的方法去聘请。所谓公开的和正当的方法，就是选举与考试。同时，我并相信，在推荐、援引、夤缘、苟且的政途上，真正的专家是不屑于入政治的。最后的结论是：

只有正当的选举和公开的考试，才能产生其正的专家政治。只有专家政治，才能挽救现在的中国。

胡适

名教

中国是个没有宗教的国家，中国人是个不迷信宗教的民族。——这是近年来几个学者的结论。有些人听了很洋洋得意，因为他们觉得不迷信宗教是一件光荣的事。有些人听了要作愁眉苦脸，因为他们觉得一个民族没有宗教是要堕落的。

于今好了，得意的也不可太得意了，懊恼的也不必懊恼了，因为我们新发现中国不是没有宗教的：我们中国有一个很伟大的宗教。

孔教早倒霉了，佛教早衰亡了，道教也早冷落了。然而我们却还有我们的宗教。这个宗教是什么教呢？提起此教，大大有名，他就叫做“名教”。

名教信仰什么？信仰“名”。

名教崇拜什么？崇拜“名”。

名教的信条只有一条：“信仰名的万能。”

“名”是什么？这一问似乎要做点考据。《论语》里孔子说，“必也正名乎”。

郑玄注：正名，谓正书字也。古者曰名，今世曰字。

《仪礼》“聘礼”注：名，书文也。今谓之字。

《周礼》“大行人”下注：书名，书文字也。古曰名。

《周礼》“外史”下注：古曰名，今曰字。

《仪礼》“聘礼”的释文说：名，谓文字也。

总括起来，“名”即是文字，即是写的字。

“名教”便是崇拜写的文字的宗教；便是信仰写的字有神力，有魔力的宗教。

这个宗教，我们信仰了几千年，却不自觉我们有这样一个伟大宗教。不自觉的缘故正是因为这个宗教太伟大了，无往不在，无所不包，就如同空气一样，我们日日夜夜在空气里生活，竟不觉得空气的存在了。

现在科学进步了，便有好事的科学家去分析空气是什么，便也有好事的学者去分析这个伟大的名教。

民国十五年有位冯友兰先生发表一篇很精辟的《名教之分析》（《现代评论》第二周年纪念增刊，页一九四——一九六）。冯先生指出“名教”便是崇拜名词的宗教，是崇拜名词所代表的概念的宗教。

冯先生所分析的还只是上流社会和智识阶级所奉的“名

教”，它的势力虽然也很伟大，还算不得“名教”的最重部分。

这两年来，有位江绍原先生在他的“礼部”职司的范围内，发现了不少有趣味的材料，陆续在《语丝》、《贡献》几种杂志上发表。他同他的朋友们收的材料是细大不捐，雅俗无别的；所以他们的材料使我们渐渐明白我们中国民族崇奉的“名教”是个什么样子。

究竟我们这个贵教是个什么样子呢？且听我慢慢道来。

先从一个小孩生下地说起。古时小孩生下地之后，要请一位专门术家来听小孩的哭声，声中某律，然后取名字。（看江绍原《小品》百六八，《贡献》第八期，页二四。）现在的民间变简单了，只请一个算命的，排排八字，看他缺少五行之中的哪行。若缺水，便取个水旁的名字；若缺金，便取个金旁的名字。若缺火又缺土的，我们徽州人便取个“灶”字。名字可以补气禀的缺陷。

小孩命若不好，便把他“寄名”在观音菩萨的座前，取个和尚式的“法名”，便可以无灾无难了。

小孩若爱啼啼哭哭，睡不安宁，便写一张字帖，贴在行人小便的处所，上写着：

> 天皇皇，地皇皇，我家有个好儿郎。
> 过路君子念一遍，一夜睡到大天光。

文字的神力真不少。

小孩跌了一跤，受了惊骇，那是骇掉了“魂”了，须得“叫魂”。魂怎么叫呢？到那跌跤的地方，撒把米，高叫小孩子的名字，一路叫回家。叫名便是叫魂了。

小孩渐渐长大了，在村学堂同人打架，打输了，心里恨不过，便拿一条柴炭，在墙上写着诅咒他的仇人的标语：“王阿三热病打死”。他写了几遍，心上的气便平了。

他的母亲也是这样。她受了隔壁王七嫂的气，便拿一把菜刀，在刀板上剁，一面剁，一面喊“王七老婆”的名字，这便等于乱剁王七嫂了。

他的父亲也是“名教”的信徒。他受了王七哥的气，打又打他不过，只好破口骂他，骂他的爹妈，骂他的妹子，骂他的祖宗十八代。骂了便算出了气了。

据江绍原先生的考察，现在这一家人都大进步了。小孩在墙上会写“打倒阿毛”了，他妈也会喊“打倒周小妹”了，他爸爸也会贴“打倒王庆来”了。

（《贡献》九期，江绍原《小品》百七八）

他家里人口不平安，有病的，有死的。这也有好法子。请个道士来，画几道符，大门上贴一张，房门上贴一张，毛厕上也贴一张，病鬼便都跑掉了，再不敢进门了。画符自然是“名教”的重要方法。

死了的人又怎么办呢？请一班和尚来，念几卷经，便可以超度死者了。念经自然也是“名教”的重要方法。符是文字，经是文字，都有不可思议的神力。

死了人，要“点主”。把神主牌写好，把那“主”字上头的一点空着，请一位乡绅来点主。把一只雄鸡头上的鸡冠切破，那位赵乡绅把朱笔蘸饱了鸡冠血，点上“主”字。从此死者的灵魂遂凭依在神主牌上了。

吊丧须用挽联，贺婚贺寿须用贺联；讲究的送幛子，更讲究的送祭文寿序。都是文字，都是“名教”的一部分。

豆腐店的老板梦想发大财，也有法子。请村口王老师写副门联：“生意兴隆通四海，财源茂盛达三江。”这也可以过发财的瘾了。

赵乡绅也有他的梦想，所以他也写副门联：“总集福荫，备致嘉祥。”

王老师虽是不通，虽是下流，但他也得写一副门联：“文章华国，忠孝传家。”

豆腐店老板心里还不很满足，又去请王老师替他写一个大红春帖：“对我生财”，贴在对面墙上，于是他的宝号就发财的样子十足了。

王老师去年的家运不大好，所以他今年元旦起来，拜了天地，洗净手，拿起笔来，写个红帖子，“戊辰发笔，添丁进财。”他今年一定时运大来了。

父母祖先的名字是要避讳的。古时候，父名晋，儿子不得应进士考试。现在宽得多了，但避讳的风俗还存在一般社会里。皇帝的名字现在不避讳了。但孙中山死后，“中山”尽管可用作学校地方或货品的名称，“孙文”便很少人用了；

忠实同志都应该称他为“先总理”。

南京有一个大学，为了改校名，闹了好几次大风潮，有一次竟把校名牌子抬了送到大学院去。

北京下来之后，名教的信徒又大忙了。北京已改做“北平”了；今天又有人提议改南京做“中京”了。还有人郑重提议“故宫博物院”应该改作“废宫博物院”。将来这样大改革的事业正多呢。

前不多时，南京的《京报附刊》的画报上有一张照片，标题是“军事委员会政治训练部宣传处艺术科写标语之忙碌”。图上是五六个中山装的青年忙着写标语；桌上，椅背上，地板上，满铺着写好了的标语，有大字，有小字，有长句，有短句。

这不过是“写”的一部分工作；还有拟标语的，有讨论审定标语的，还有贴标语的。

五月初济南事件发生以后，我时时往来淞沪铁路上，每一次四十分钟的旅行所见的标语总在一千张以上；出标语的机关至少总在七八十个以上。有写着“枪毙田中义一”的，有写着“活埋田中义一”的，有写着“杀尽矮贼”而把“矮贼”两字倒转来写，如报纸上寻人广告倒写的“人”字一样。“人”字倒写，人就会回来了；“矮贼”倒写，矮贼也就算打倒了。

现在我们中国已成了口号标语的世界。有人说，这都是从苏俄学来的法子。这是很冤枉的。我前年在莫斯科住了三天，就没有看见墙上有一张标语。标语是道地的国货，是“名教”国家的祖传法宝。

试问墙上贴一张“打倒帝国主义”，同墙上贴一张“对我生财”或“抬头见喜”，有什么分别？是不是一个师父传授的衣钵？

试问墙上贴一张“活埋田中义一”同小孩子贴一张“雷打王阿毛”，有什么分别？是不是一个师父传授的法宝？

试问“打倒唐生智”、“打倒汪精卫”，同王阿毛贴的“阿发黄病打死”，有什么分别？王阿毛尽够做老师了，何须远学莫斯科呢？

自然，在党国领袖的心目中，口号标语是一种宣传的方法，政治的武器。但在中小学生的心里，在第九十九师十五连第三排的政治部人员的心里，口号标语便不过是一种出气泄愤的法子罢了。如果“打倒帝国主义”是标语，那么，第十区的第七小学为什么不可贴“杀尽矮贼”的标语呢？如果“打倒汪精卫”是正当的标语，那么“活埋田中义一”为什么不是正当的标语呢？

如果多贴几张“打倒汪精卫”可以有效果，那么，你何以见得多贴几张“活埋田中义一”不会使田中义一打个寒噤呢？

故从历史考据的眼光看来，口号标语正是“名教”的正传嫡派。因为在绝大多数人的心里，墙上贴一张“国民政府是为全民谋幸福的政府”正等于门上写一条“姜太公在此”，有灵则两者都应该有灵，无效则两者同为废纸而已。

我们试问，为什么豆腐店的张老板要在对门墙上贴一张“对我生财”？岂不是因为他天天对着那张纸可以过一点发财的瘾吗？为什么他元旦开门时嘴里要念“元宝滚进来”？岂不是因为他念这句话时心里感觉舒服吗？

要不然，只有另一个说法，只可说是盲从习俗，毫无意义。张老板的祖宗下来每年都贴一张“对我生财”，况且隔壁剃头店门口也贴了一张，所以他不能不照办。

现在大多数喊口号，贴标语的，也不外这两种理由：一是心理上的过瘾，一是无意义的盲从。

少年人抱着一腔热沸的血，无处发泄，只好在墙上大书“打倒卖国贼”，或“打倒日本帝国主义”。写完之后，那二尺见方的大字，那颜鲁公的书法，个个挺出来，好生威武，他自己看着，血也不沸了，气也稍稍平了，心里觉得舒服得多，可以坦然回去休息了。于是他的一腔义愤，不曾收敛回去，在他的行为上与人格上发生有益的影响，却轻轻地发泄在墙头的标语上面了。

这样的发泄感情，比什么都容易，既痛快，又有面子，谁不爱做呢？一回生，二回熟，便成了惯例了，于是“五一”、“五三”、“五四”、“五七”、“五九”、“六三”……都照样做去：放 天假，开个纪念会，贴无数标语，喊几句口号，就算做了纪念了！

于是月月有纪念，周周做纪念周，墙上处处是标语，人人嘴上有的是口号。于是老祖宗几千年相传的“名教”之道遂大行于今日，而中国遂成了一个“名教”的国家。

*　*　*　*　*

我们试进一步，试问，为什么贴一张“雷打王阿毛”或“枪毙田中义一”可以发泄我们的感情，可以出气泄愤呢？

这一问便问到“名教”的哲学上去了。这里面的奥妙无穷，我们现在只能指出几个有趣味的要点。

第一，我们的古代老祖宗深信“名”就是魂，我们至今不知不觉地还逃不了这种古代老迷信的影响。“名就是魂”的迷信是世界人类在幼稚时代同有的。埃及人的第八魂就是“名魂”。我们中国古今都有此迷信。《封神演义》上有个张桂芳能够“呼名落马”；他只叫一声“黄飞虎还不下马，更待何时！”黄飞虎就滚下五色神牛了。不幸张桂芳遇见了哪吒，喊来喊去，哪吒立在风火轮上不滚下来，因为哪吒是莲花化身，没有魂的。《西游记》上有个银角大王，他用一个红葫芦，叫一声“孙行者”，孙行者答应一声，就被装进去了。后来孙行者逃出来，又来挑战，改名做“行者孙”，答应了一声，也就被装了进去！因为有名就有魂了。（参看《贡献》八期，江绍原《小品》百五四。）民间“叫魂”，只是叫名字，因为叫名字就是叫魂了。因为如此，所以小孩在墙上写“鬼捉王阿毛”，便相信鬼真能把王阿毛的魂捉去。党部中人制定“打倒汪精卫”的标语，虽未必相信“千夫所指，无病自死”；但那位贴“枪毙田中”的小学生却难保不知不觉地相信他有咒死田中的功用。

第二，我们的古代老祖宗深信“名”（文字）有不可思议的神力，我们也免不了这种迷信的影响。这也是幼稚民族的普通迷信，高等民族也往往不能免除。《西游记》上如来佛写了“唵嘛呢叭咪吽”六个字，便把孙猴子压住了一千年。观音菩萨念一个“唵”字咒语，便有诸神来见。他在孙行者手心写一个“咪”字，就可以引红孩儿去受擒。小说上的神仙妖道作法，总得“口中念念有词”。一切符咒，都是有神力的文字。现在有许多人似乎真相信多贴几张“打倒军阀”的标语便可以打倒张作霖了。他们若不信这种神力，何以不到前线去打仗，却到吴淞镇的公共厕所墙上张贴“打倒张作霖”的标语呢？

第三，我们的古代圣贤也曾提倡一种“理智化”了的“名”的迷信，几千年来深入人心，也是造成“名教”的一种大势力。卫君要请孔子去治国，孔老先生却先要“正名”。他恨极了当时的乱臣贼子，却又“手无斧柯，奈龟山何！”所以他只好做一部《春秋》来褒贬他们，“一字之贬，严于斧钺；一字之褒，荣于华衮。”这种思想便是古代所谓“名分”的观念。尹文子说：

> 善名命善，恶名命恶。故善有善名，恶有恶名。……今亲贤而疏不肖，赏善而罚恶。贤不肖，善恶之名宜在彼；亲疏赏罚之称宜属我。……“名”宜属彼，“分”宜属我。我爱白而憎黑，韵商而舍征，

好膻而恶焦，嗜甘而逆苦：白黑商征，膻焦甘苦，彼之“名”也；爱憎韵舍，好恶嗜逆，我之“分”也。定此名分，则万事不乱也。

“名”是表物性的，“分”是表我的态度的。善名便引起我爱敬的态度，恶名便引起我厌恨的态度。这叫做“名分”的哲学。“名教”，“礼教”便建筑在这种哲学的基础之上。一块石头，变作了贞节牌坊，便可以引无数青年妇女牺牲她们的青春与生命去博礼教先生的一篇铭赞，或志书“列女”门里的一个名字。“贞节”是“名”，羡慕而情愿牺牲，便是“分”。女子的脚裹小了，男子赞为“美”，诗人说是“三寸金莲”，于是几万万的妇女便拼命裹小脚了。“美”与“金莲”是“名”，羡慕而情愿吃苦牺牲，便是“分”。现在人说小脚“不美”，又“不人道”，名变了，分也变了，于是小脚的女子也得塞棉花，充天脚了。——现在的许多标语，大都有个褒贬的用意：宣传便是宣传这褒贬的用意。说某人是“忠实同志”，便是教人“拥护”他；说某人是“军阀”，“土豪劣绅”，“反动”，“反革命”，“老朽昏庸”，便是教人“打倒”他。故“忠实同志”、“总理信徒”的名，要引起“拥护”的分。“反动分子”的名，要引起“打倒”的分。故今日墙上的无数“打倒”与“拥护”，其实都是要寓褒贬，定名分。不幸标语用得太滥了，今天要打倒的，明天却又在拥护之列了；今天的忠实同志，明天又变为反革命了。于是打倒不足为辱，而反革命有人竟以为荣。于是“名教”失其作用，只成为墙上的符箓而已。

*　　*　　*　　*　　*

两千年前，有个九十岁的老头子对汉武帝说：“为治不在多言，顾力行何如耳。”两千年后，我们也要对现在的治国者说：

治国不在口号标语，顾力行何如耳。

*　　*　　*　　*　　*

一千多年前，有个庞居士，临死时留下两句名言：

但愿空诸所有。
慎勿实诸所无。

“实诸所无”，如“鬼”本是没有的，不幸古代的浑人造出“鬼”名，更造出“无常鬼”，“大头鬼”，“吊死鬼”等等名，于是人的心里便像煞真有鬼了。我们对于现在的治国者，也想说：

但愿空诸所有。
慎勿实诸所无。

末了，我们也学时髦，编两句口号：

打倒名教！

名教扫地，中国有望！

十七、七、二。

梁实秋

孙中山先生论自由[1]

一　民国十三年以前拥护自由

孙中山先生革命的动机是由于外战失败，清廷昏弱，民生凋敝。他最初的政治活动是加入兴中会（1892年），兴中会的主张是“以和平手段，渐进方法，请愿于朝廷，俾倡行新政；其最要者，则在改行立宪政体，以代专制及腐败的政治。”孙先生这时候对于这种稳健派立宪派的主张是“深表同情”的，所以他加入了兴中会。这时候孙先生对于清廷政治是极度的不满，他所不满的地方很多，其中有几项特别值得我们现在的注意：

（一）“无论为朝廷之事，为国民之事，甚至为地方之事，百姓均无发言或与闻之权。”

① 本篇及下一篇《思想自由》为本版编者补入。

这就是说：人民没有言论自由，和参政权。

（二）“士人束发受书后，所诵习者，不外四书五经，及其笺注之文字，然其中有不合于奉令承教一味服从之义者则任意删节，或曲为解说，以养成其盲从之性，学者如此，平民可知。”这就是说，人民没有思想自由。（见《伦敦被难记》）

由此可知孙先生最初的政治活动，至少其一部分的意义，是对于当时思想言论不自由之一种反抗。孙先生这时候采用的手段是和平的，“偏重于请愿上书等方法”。一直到1894年中日之战以后，他才改用了激烈的革命手段。但是孙先生对于“自由”一向是拥护的。在1904年孙先生作《中国问题真解决》一篇文章，列举满清政府罪状，其中第六条，便是“禁止言论自由”。可见孙先生当年是醉心“自由”的。

同盟会的成立在1905年。这时候孙先生革命的目标略有一点改变。《兴中会宣言》里会章第二条规定宗旨是“联络中外有志华人，讲求富强之学，以振兴中华。”《同盟会宣言》的口吻便不同了。宣言开宗明义的说，“涤二百六十年之腥膻，复四千年之祖国，谋四万万人之福祉。”简言之，孙先生这时候革命目标在于推翻满清，所谓“殄除胡虏”者是也。所以兴中会时代的革命不过是爱国运动，一致对外；同盟会时代的革命，则是对内的，要光复汉族的天下。

不过若说同盟会完全是种族革命运动，那也不合事实。《同盟会宣言》里明白的说：“前代革命，如有明及太平天国，只以驱除光复自任，此外无所转移；我等今日与前代殊，——于驱除鞑虏，恢复中华之外，国体民生，尚当变更，虽经纬万端，要其一贯之精神，则为自由平等博爱”。

从这一年起，我们才看出孙先生明明白白的一方面要推翻满清，一方面要变更国体。尤可注意者，是孙先生提出了“自由平等博爱”的口号。

辛亥革命之后，孙先生被推为中华民国临时大总统，他的《就职宣言》的序文里还有这样的一句话：“廓清专制，巩卫自由”。同时《布告各友邦书》里还大书特书：“易君主政体以共和，此非吾人徒逞一朝之愤也，天赋自由，萦想已夙”。这“天赋自由萦想已夙”八个字，便足以证明孙先生到了民国元年的时候，一面从事于实际的革命运动，一面并不曾抛弃“自由”的观念。

自从民国元年以后，孙先生所领导之革命运动常常陷于窘境，对付袁世凯，一次护法，二次护法，对付陆荣廷，对付陈炯明，煞费苦心。党内党外，危机四迫，这时候我们只看见孙先生拼命奋斗，不常听见孙先生拥护自由的言论了。但是有时在他的演说词里我们还可偶然听到他的拥护自由的话，例如，民国十年十二月九日在桂林学界欢迎会演讲，他说：

> 中国两千多年以前，都有很好的文化，……为什么近来二千多年没有进步呢？推究这个原因，详细的说，可分为两项：第一项是政治上的关系，从前政府做事是很宽大的，譬如“公天下”的时

> 候，尧把天下让到舜，舜把天下让到禹，政府把天下的政权都可以让到别人，其余对于人民的事情，该是何等宽宏大量呢。就是“家天下”的时候，汤武革命，顺乎天应乎人，吊民伐罪，也都是求人民的幸福，所以人民便能够自由去发展思想，便有思想去求文化的进步，到了后来，政府一天专制一天，不是焚书坑儒，便是兴文字狱，想种种方法去束缚人民的思想，人民哪里能够自由去求文化的进步呢？
>
> 第二项是古今人求进步的方法不同，二三千年前求进步的方法，专靠实行。……到了后来，不是好读书不求甚解，便是述而不作，坐而论道，把古人言行的文字，死读死记，另外来解释一次，或把古人的解释，再来解释一次，你一解释过去，我一解释过来，好像炒陈饭一样，怎么能够有进步呢？

从这一段文章看起来，孙先生还是赞成思想自由，反对盲从附和。

孙中山先生拥护自由的态度，始终不变，一直等到民国十三年，国民党容纳共产党，全部改组。孙先生的态度为之一变，这是极可注意的一件事。所以我们研究孙先生关于自由的议论，不能不分为两截来讨论，十三年以前是一个阶段，十三年以后是一个阶段。这个阶段不分清，我们不能明了孙先生的真态度。

二　民国十三年以后之反对自由

民国十三年三月十六日孙中山先生作《民权主义》第二讲，这一篇演讲词完全是发挥他对于自由的解释，并且这解释是他前此所未发表过的。

孙先生首先承认“欧美两三百年来人民所奋斗的所竞争的，没有别的东西，就是为自由”。但是孙先生接着又说：“我们革命党向来主张三民主义去革命，而不主张以革命去争自由”。这个态度真奇怪极了，和民国十三年以前的议论完全不同了。民国元年时所谓“天赋自由萦想已夙”的话，完全取消了！孙先生为什么在这时候“不主张以革命去争自由”呢？我把这一篇演讲读了不知多少遍，只能发现一个理由，这理由便是：“中国人的自由，老早是很充分了”。中国人的自由已经充分，当然用不着再争。

何以见得“中国人的自由老早是很充分”呢？孙先生没有举出事实来证明，先举了一个妙譬：“外国人说中国是一片散沙，究竟一片散沙的意思是什么呢？就是个个有自由，和人人有自由，人人把自己的自由扩充到很大，所以成了一片散沙。”

“一片散沙论”证明了“中国人的自由老早是很充分”。孙先生认定自由就是和“放荡不羁”这个名词相仿佛，“中国人的自由太多”，所以弄成一片散沙，所以不能抵抗列强侵略。

从历史上观察，孙先生也认为中国人的自由很充分了。孙先生说："外国人不识中国历史，不知道中国人民自古以来都有很充分的自由，这自是难怪，至于中国学生，而竟忘却了“日出而作，日入而息，凿井而饮，耕田而食，帝力于我何有哉”这个先民的自由歌，却是大可怪的事！由这个自由歌看起来，便知中国自古以来，虽无自由之名，而确有自由之实，且极其充分，不必再去多求了。"

又说："中国自秦朝专制直接对于人民，诽谤者族，偶语者弃市，遂至促亡，以后历朝政治，大都对于人民取宽大态度。"

又说："中国人因为自由过于充分，便不去理会"。

又说："中国人用不着自由，但是学生还要宣传自由，真可谓不识时务了"。

这就是孙中山先生从研究中国历史而得到的结论。中国人“自古以来”就有“自由之实”，现在当然不必再争；欧洲人可以争自由，因为他们没有自由，——“欧洲由罗马亡后到两三百年以前，君主的专制是很进步的，所以人民所受的痛苦，也是很厉害的，人民是很难忍受的，当时人民受那种痛苦，不自由的地方极多，最大的是思想不自由，言论不自由，行动不自由”。孙先生认定中国“自古以来”（除了秦以外）自由很充分，人民有思想自由，言论自由，行动自由，所以现在“不主张以革命争自由”。

孙先生并不是完全反对自由，这是要看清楚的，他是主张“打破各人的自由，结成很坚固的团体”。自从民国十三年以后，孙先生特别的在团结上用功夫，他说：“在今天自由这个名词究竟要怎么样应用呢？如果用到个人，就成一片散沙，万不可再用到个人上去，要用到国家上去，个人不可太过自由，国家要得完全自由”。

三　我的解释

综观孙中山先生对于自由的态度，十三年以前是赞成争自由的，十三年以后是反对争个人自由的。为什么在十三年上孙先生的态度发生这样大的突变呢？我以为有两个解释。

第一，是由于受了国内革命失败的教训。他在《民权主义》第二讲里说：

> 中国人现在因为自由太多，发生自由的毛病，不但是学校内的学生是这样，就是我们革命党里头也有这种毛病，所以从前推倒满清之后，至今无法建设民国，就是错用了自由之过也。我们革命党从前被袁世凯打败，亦是为这个道理。当民国二年，袁世凯大借外债，不经国会通过，又杀宋教仁，做种种事来破坏民国，我当时催促各省马上去讨袁，但因为我们同党之内，大家都是讲自由，没有团体……。

孙先生把历年革命不得成功的缘故，完全写在自由的账上，所以痛恨自由，认定了个人自由与团体是水火不相容的东西。要巩固团体，便要部下绝对服从命令，便要各人牺牲个人的自由。

第二，是受了俄国共产党的理论的影响。自从十三年容共以后，国民党到处受了共产党理论的潜移默化，至今未能澄清。孙先生在他的《三民主义》里屡次声明民生主义即是共产主义，在许多地方已无心中为共产主义宣传。民国十三年十一月三日，孙先生在黄埔军官学校演讲，他说：

> 民国十三年来革命不能成功，就是由于平等自由的思想，冲破了政治团体。……大家都是为个人争自由平等，不为团体争自由平等。……俄国七年前的革命便彻底成功，这个原因，是在什么地方呢？简而言之，俄国近来革命之所以成功的道理，就是由于打消无政府的主张，把极端平等自由的学说，完全消灭。因为俄国有这种主张，所以他们近来革命的效果，比较美国法国一百多年以前革命之效力，还要宏大，成绩还要圆满。他们之所以能够有这种美满成绩的原因，就是由于俄国出了一个革命圣人，这个圣人便是大家所知道的列宁，他组织了一个革命党，主张要革命党有自由，不要革命党员有自由，各位革命党员都赞成他的主张，便把各位个人的自由，都贡献

到党内，绝对服从革命党的命令。……俄国的这种革命方法，就是我们的好模范。

这是孙先生公开承认要模仿俄国共产党的理论，不过在上面这一段演说词里他是为黄埔军官说教，在《三民主义》演讲词里，他便向全国人民说法了。

四　我的批评

孙中山先生的议论有极可钦佩的地方，例如唤醒民众巩固团体的主张，在这一点上我们就是把他当做“革命圣人”也不算过分。但是谈到自由一方面，可批评的地方不是没有。《三民主义》自序里说：

> 尚望同志读者本此基础，触类引申，匡补阙遗，更正条理，使成为一完善之书，以作为宣传之课本。

这就是作者欢迎批评的意思。所以我就大胆的于叙述孙先生的议论完毕以后，附带着说说我的批评。

第一，个人自由与团体自由并不是绝对不相容的。中国人一片散沙，并不见得完全是由于“中国人的自由很充分”。这道理很明显，试看欧美革命后争得自由，何以又不曾有一片散沙的现象呢？中国人之缺乏团结力的原故，另有政治的经济的社会的地理的历史的种族的解释，决不能随随便便的都算做“自由”的罪恶。

第二，中国人的自由是不是已经充分，是个疑问。从中国历史上看，中国人从前还比较的有一点消极的思想自由，但是身体自由、言论自由便谈不到。中国人民如今所享受的自由，还不如欧洲二百年前的状况！孙中山先生生时，全国人民享到了什么自由，民国十几年来人民所享的自由和满清时代有什么分别？孙先生逝世后到现在，人民的自由又何曾增加？批评政治的报纸杂志随时有被禁止取缔的危险，人民随时有被党部行政机关及军队逮捕的危险，人民随时有被拉去强充军役的危险，人民的住房有随时被军队侵占的危险，人民随时有被非法征税的危险，……哪里谈得到自由？在中国真有自由的，只有做皇帝的，做总统的，做主席的，做委员的，以及军长师长旅长，他们有征税的自由，发公债的自由，拘捕人民的自由，包办言论的自由，随时打仗的自由，自由真是充分极了！可是中国人民有什么自由呢？

第三，一个革命党对于党内要施行严格的纪律，使成为集团的力量，这是很对的，但这个革命党握到政权时是否可以对待党员的手段来对待人民，这又是一个疑问。人民要求的是思想自由、言论自由、身体自由，在不得已的时候人民固然可以牺牲他的生命财产，贡献给国家，但是如何平时就先定下一条原则强迫人民牺牲他们的自由呢？并且各人自由牺牲之后，不一定就有团体自由，十个奴隶加起来不是一个自由人。小民把思想言论身体的自由完全牺牲掉，怎见得就能抵抗列强侵略呢？

我的意见是，中国人民一方面亟须巩固团体，如孙中山先生所主张；一方面还是要争自由的，思想自由言论自由身体自由，都不能放弃的。俄国式的暴政，还是欧美式的自由，这真一个途歧。愿国人深长思之。

十九年，二月，十八日作。

（《新月》2卷9号）

梁实秋

思想自由

美国纽约城有一个公开讨论会（The League For Public Discussion），它的作业是约集当代学者公开辩论一些与时代最有关的问题，民众可以购券听讲。例如今年二月二日，他们举行一次辩论，题目是："资本主义对于世界的工人的贡献要比社会主义或共产主义为大"。有名的社会学家Nearing担任为共产主义辩护，英工党议员Brookway为社会主义辩护，哥仑比亚教授Soligman为资本主义辩护。三月十六日又举行一次辨论，题目是："苏俄政府之反宗教政策是危害文明的"。新从苏俄考查归国的Max Eastman主张苏维埃的无神论，著名社会思想家Barnes主张自由主义的怀疑论，有口才的Wise主张宗教的有神论。这种辨论对于民众真是很有价值的一种教育，因为一个问题的各方面都由最够资格的人来充分的讨论过，听者就可以利用这个机会自已来思索，研究，判断。

中国现在令人不满的现状之一，便是人民没有思想自由。

妨碍人民思想自由的有两种人：一种是当局者，滥用威权，侵犯人民言论出版自由，不准人民批评，强迫人民信仰某一种主义；还有一种是热狂的宣传家，用谩骂的文字攻击异己，用诬蔑的手段陷害异己，夸大地宣扬自己的主张。两者都妨害人的思想自由，因为都不是靠了理性来取人民的信仰，而是用了外力来强制人的信仰，都是感情用事，而不是冷静地诉于人的理性。要有思想自由，必先要使人民有充分的安然的研究的机会。压力要不得，引诱也要不得。要把事实和理论清清楚楚地放在人民面前，要他们自己想，自己信，——这才算得是思想自由。

最近新月书店出版一本拉斯基教授的《共产主义论》，稍有知识的人都该知道，拉斯基是现代著名的政治学者，并且他是反对共产主义的。但是书店到一家报馆去登广告的时候，却被检查员老爷禁止刊登了。宣传共产，喝！禁登广告！这真成笑话了。马克思的《资本论》可以大登广告，因为书的名字叫做《资本论》；拉斯基的《共产主义论》禁登广告，因为书名不祥。当局者的昏聩蛮横一至于此。

我的意思当然不是希望当局禁止马克思的《资本论》，我的意思正是相反，我赞成各种主义的信仰者都有充分的出版言论自由。这样，人民才有求知识的机会，和选择的余地，才能有自由的思想。所以我觉得美国的“公开讨论会”是可羡慕的一个榜样。

（《新月》2 卷 11 号）

附编

灼华

胡适之所著《人权与约法》之荒谬

一、引言

前几天北平有位朋友寄我六月三日的天津大公报所载胡适《人权与约法》一文。我看他的内容，开始引国民政府四月二十日所公布的“……凡在中华民国法权管辖之内，无论个人或团体均不得以非法行为侵害他人身体自由及财产；违者即依法严行惩办不贷……”命令全文，接着他就表示他个人的失望说：“第一，这道命令认‘人权’为‘身体，自由，财产’，三项，但这三项都没有明确的规定。……第二，命令所禁止的只是‘个人或团体’，而并不曾提及政府机关。……”在该命令只言“违者即依法严惩不贷，但不知依法是依什么法？”胡君在表示第三种不满后，就引报上所见的各地新闻数段，不惮烦地反复推敲，以证明他的高见，他以为“今日如果要保障人权，如果真要确立法治基础，第一件应该制定一个中华民国的宪法，至少至少，也应该制定所谓训政府（按“府”字恐系手民误加）时期的约法”。末后，他还提出两个口号：“快快制定约法以确定（按或系“立”字之笔误）法治基础！快快制定约法以保障人权！”以作结束。

我细阅胡君全文后，觉得胡君有两个根本错误：第一在不懂法学，第二在不明事实。因为不懂法学，遂以中央没有一部胡君所谓的约法，便以为凡一切法令条例，多不能算是具有约法的效力，因此他就坚决主张，以为在今日至少至少，也应该制定所谓训政时期的约法。因为不明事实，所以不赞成党部和政府机关（按胡君原文常将党部与政府并举，其实党部有自由逮捕人民之权，系军事初定政局未固时有之，迨本党清共而后，社会秩序已渐次恢复，即经中央明令制止矣。）对于有内乱和反动嫌疑者之须有特殊处置的权力，同时，各地行政当局间有不当之举动，反疑为中央有意放任；且误以中央权力所不及的地方，约法就能够镇慑他，制裁他。胡君既犯有不懂法学，不明事实的双重谬见，还发生许多不合逻辑的论断，现在特指出他错误的地方加以纠正。

二、论约法与人权

夫训政时期之须有约法，原为总理之主张。然使总理今日而仍存在者，将舍其素日所著《三民主义》、《五权宪法》、《建国方略》、《建国大纲》，及《地方自治开始实行法》等书之意义外，而另觅新理论以制定约法乎？此谅胡君所敢断言其必无也。今总理不幸见背，则吾人能不遵依其遗教所诏示而另制所谓训政时期中之约法者乎？此谅亦胡君所敢确信其必不可能也。是则总理之一切遗教，即等于训政时期之约法，彰彰明甚，更就效力上言之：自国民革命创始于军政时期，总理遗教，已成为中华民国所由创造之先天的宪法，为我国建国之典型，同时亦即为训政时期之根本法，与宪政时期宪法之准则，凡遵依遗教之措施，即为合法，反之，即为违法，其效力实较中国以前所见之任何约法为更大。故本党既于去岁遵照遗教颁布《训政纲领》及《国府组织法》等约法中最重要部分外，更于本年三月间第三次全国代表大会时关于“……确定总理主要遗教为训政时期中华民国最高根本法”一案，而作如下之决议：“确定总理所著《三民主义》、《五权宪法》、《建国方略》、《建国大纲》及《地方自治开始实行法》，为训政时期中华民国最高之根本法，举凡国家建设之模范，人权民权之根本原则与分际，政府权力与其组织之纲要，及行使政权治权之方法，皆须以总理遗教为依归。”是则在此训政时期，本党虽没有颁布有名无实之约法，然已实用效力大于约法之总理遗教。就二者之内容与效力言，不但无可诽议，而且认为必要；胡君不察，遂致误会，此应请其注意者一。

次则胡君因中央无整个约法之公布，遂致疑中央一切措施均无法律之依据，因而人权亦不能保障。吾人以为胡君此种怀疑，亦由于缺乏政治常识所致。兹粗别三点而解释之：第一，人民之自由权利，政府自当依法予以保障，但所谓法律，并不限于宪法中所规定者，其他凡政府之公告，法院之判决，与一切社会上公认之习惯，均具有法律上之效力，此盖为世界各国所公认。故在英国，根本即无成文宪法；在法国则1875年通过之新宪法与此后历次所修正增订者，始终未见有涉及人民自由权利之条文。若依胡君之意，则必以此一立宪国与一共和国，其人民必无丝毫自由权利可言矣。吾人姑退一步评此二国之宪法为不完备，则试观关于此项条文详加规定之美奥瑞等国，究其详细之程度若何？究之，亦不过十数条之大纲而已。至其所包含的意义，要亦不外于本党政纲内所定“人民有集会、结社、言论、出版、居住、信仰之完全自由权”之意义，作正反的分别的叙述而已。但在宪法已规定人权之诸国中，其实际行使保障之时，仍不能不有各种普通法律以为依据，是可知人权之保障，不在宪法之规定，而仗手续之周备。故我国训政时期人权之保障，若于约法中须有简单之规定，则总理遗教中“人民有集会、结社、言论、出版、居住、信仰之完全自由权”一语而已足，为表示慎重起见，则根据国府本年四月二十日所布之命令，严厉执行《中华民国刑法》中“渎职罪”各条与中央于清党后所布之诬告反坐命令，已可收保障之效。乃胡君断断于约法不约法，何所见之不广耶？第二，胡君既昧于法理，以为国民政府既无约法之颁布，则一切人权之保障，摧残人权者之惩治，均将无法依据。此一误会，于上述之理由中已解答其一部分。兹更补充说明之：夫政府之欲裁制者，均为意图破坏党国诋毁三民主义之反动分子，对于此种叛徒之裁制，有《中华民国刑法》“内乱罪”“外患罪”“妨害秩序罪”各章，以及中央明年公布之“暂行反革命治罪法”与“惩治土豪劣绅条例”等，以为根据，而不必以所谓约法者详细规定之。至于在诉讼手续上，有负责之原告人依法起诉外，并须有人证与物证，而后始允受理，且必须经调查讯问而后判决。至党部则止有以法人资格控诉，而不能私自逮捕，此本党于清共之后，不惜三令五申加以训诫者也。胡君于此，似极露其愤慨之状，然试问年来司法机关对于反动分子，有不经人控诉而加以拘捕者乎？有未获确实可靠之证据而轻率宣判者乎？此政府对于“反动分子”、“土豪劣绅”、“反革命”、“共产嫌疑”之处治，固未尝无法依据，且亦未尝不依法办理者也。至于人民自由权利相互间之保障，则《中华民国刑法》中第一〇三条起，迄三百八十七条止，十九皆限制个人或团体之以非法行为侵害他人身体自由及财产者也，胡君乃谓“我们不知道今日有何种法律可以保障人民的人权？”又曰：“《中华民国刑法》固然有‘妨害自由罪’等章，但以政府或党部名义行之，人民便完全没有保障”。是其缺乏政治常识，遂致措词荒诞不伦，此吾人所应严重促其憬悟注意者也。第三，胡君文中有谓“如今日言论自由之受干涉，如各地私人财产之被没收，如今日各地电气工业之被没收，都是以政府机关的名义执行的。”意谓必须制定一种约法以管束各地政府之滥施权威，人权方有保障，吾人以为胡君此种心理，不独自陷于反革命而不自知，亦且暴露其不懂目下社会阢陧之情势，与夫各法治国宪法中所给予政府之权力。考欧美各国宪法中，无不明白规定政府于必要时，即对外宣战或公安危殆时，得暂时限制或停止人民之自由权利。本党总理之在《革命方略》中，主张在军政结束之后，必须经训政时期，其意正同，盖所以续尽其褓母之责，而抚养并管教此幼儿使得以随其正当之发育也。今虽幸全国统一，军事结束，然处境之险恶，与前曾无小异；则政府对于人民之自由，稍加限制，宁能谓非必要？若际此政局未定，人心惶惧之秋，徒眩于保护人权之虚誉，致于少数以鼓惑谋叛之瑕隙，此岂全国安分守己之良民之所愿，亦岂负于治国重任之本党之所忍为！胡君既来稍涉览各国之宪法，又不深究察国内之实情，又未肯细心将各地私人财产之被收没，各地电气工业之被没收之事，归纳而统计之，将其因果与利害之点分析比较而研究之，乃逞个人之意气，恣诋毁之狂词，以淆惑社会之人心，而为共党与反动分子所快意。此吾人于惋惜之中，不能不加以警告，幸胡君此后其慎之！抑尤有进者。本党中枢，今日尚未臻巩固，各地党政军机关间有形同割据跋扈恣肆者，尚感无法制裁，故确立中央威信，实为目下至切要之问题。今谓以对于中央犹敢公然违抗之各地当局，而谓能强以遵奉约法乎？谓中央未能强绳以总理遗教之各地，而人民独能因有约法而遂能以约法自卫乎？此天下之大愚而知其不可能，不图竟为胡君所坚决主张如此？洵可怪矣！

三、《建国大纲》之本体

以上所论，于胡君文中关于约法问题误会谬妄之重要各点，已略加驳正。至胡君对于《建国大纲》，亦曾表示其藐视之态度。如彼谓“五院之设立，在宪政开始时期，而去年已设立五院了”，“第一次代表大会宣言已有‘以党为撑持政权之中枢’的话，而是年四月十二中山先生草定建国大纲全文二十五条中，没有一句提到一党专政的”，“训政时期有‘总统’而全篇中不说总统如何产生”，“后来的人只读他的《建国大纲》，而不研究这‘三期说的历史’遂以为训政时期可以无限地延长，又可以不用约法之治，这是大错的。”又说“这都（原文作“部”，想为手民误排）可见《建国大纲》不过是中山先生一时想到的一个方案，并不是应有尽有的，也不是应无尽无的。……”凡上所云云，都足以见胡君粗心倨傲。对于本党总理遗教，没有过细研究；对于中央政治实况，没有时常留心。夫《建国大纲》为总理一生学力、政治建设的结晶，故于作成后，既亲自缮写以昭慎重，又特亲撰宣言以明示其意义曰：“《建国大纲》第一条至第四条，宣布革命之主义及其内容；第五条以下，则为实行之方法与步骤；其在第六七两条，标明军政时期之宗旨，务扫除反革命之势力，宣传革命之主义；其在第八条至第十八条，标明训政时期之宗旨，务指导人民从事于革命建设之进行，先以县为自治之单位，于一县之内努力于除旧布新，以深植人民权力之基本，然后扩而充之，以及于省，如是则所谓自治始为真正之人民自治，异于伪托自治之名，以行其割据之实者。而地方自治已成，则国家组织始臻完密，人民亦可本其政治训练，以与闻国政矣。其在第十九条以下，则由训政递嬗于宪政所必备之条件与程序。……”是则《建国大纲》虽成于一时，然实为总理对于国家建设之整个的方案，取舍详略，盖极审慎，胡君乃谓“不是应有尽有，应无尽无”，“遗漏之处甚多”，而引该大纲中第八条至第十八条均未言及训政时期之应有“临时约法”，“以党专政”，与“总统之如何产生”三者为证。不知《建国大纲》即总理平日所主张之临时约法也。此意总理虽未明言，然可于下述二点证明之：其一，总理自同盟会成立以至辛亥革命以后，于著作讲演中，均屡言训政时期，应施行约法之治，以建设地方自治，促进民权发达。迨《建国大纲》公布后，即未言及约法之另须草制，此在消极方面可以证明总理之已默认《建国大纲》为训政时期之约法者也。其二，则总理于《同盟四纲》与《革命之方略》中，均曾言各地于战事停止之日，立颁约法；而在《国民政府建国大纲宣言》中，亦曰：“今后革命势力所及之地，凡秉承本政府之号令者，即当以实行《建国大纲》为唯一之职任。”此在积极方面可以证明总理即以《建国大纲》为训政时期之约法。故强制本党革命势力所及之地，即须奉行《建国大纲》为施政之纲领也。观此，可知《建国大纲》之不言约法，实为应无而无，非总理之疏忽也。

至于第一次全国代表大会宣言，有“以党为撑持政权之中枢”的话，而《建国大纲》之二十五条，经胡君详细阅读后，不见有一句提到一党专政。因此，胡君又以本党办理为太粗心，评《建国大纲》为非应有尽有。不知国民政府，即系本党领导监督下之政府；国民政府《建国大纲》，即为本党施行党治之标准，故于该大纲之第一条，即曰：“国民政府，本革命之《三民主义》、《五权宪法》，以建设中华民国”，于第二十五条又曰：“……国民政府则于选举完毕之后三个月解职，而授政于民选之政府，是为建国之大功告成。”故自国民政府成立以至解职，此其间均为本党以党为撑持政权之中枢之时期，其意本极明显；而胡君乃谓《建国大纲》不提“一党专政”是总理的疏忽。以在学界颇负声誉的胡君，而其论断乃不合逻辑至此，宁非怪事？又胡君以《建国大纲》第二十一条有各院长皆归总统任免之句，而全篇中不说总统如何产生，亦为《建国大纲》非应有尽有之证，此一点，似亦为胡君之过虑。夫国民政府既为本党领导监督之政府，则国民政府元首之产生，自由本党负其全责。至若如何产生之详细办法，此种手续之订定，断非大纲中所可包括，所应包括，即就各共和国之宪政考之，人总统之选举法，类由国会议订，而不详于宪法中。胡君既未研究法学，且于此种常识，亦茫然无知，无怪其多不经之谈也。

至训政时期之设立五院，去年党内少数同志，亦曾表示其怀疑。经中央详细说明，以及各中委与其他同志口头剖释，或作文辟谬，早已尽人晓谕。不图胡君忙于校务，于此事之经过迄未明了，犹敢放言高论，执此以为《建国大纲》病也。

四、原文引证之牵强

胡君所引之证据，占全文十之六七。细按之，关于“人权”洵有之，然于“约法”，则实如风马牛之不相及。岂但于讨论约法时无牵涉此等问题之必要，即就此等问题之本身而论，亦多捕风捉影，道听途说之词。吾人于解释《人权与约法》之大问题时，乃须费时晓示胡君以法学常识与党政上妇孺咸知之事实，于余个人及阅者，均为极不幸之事。唯以胡君颇负文名，于教育界中亦有相当地位，其个人思想错误之事小，其影响社会之人心关系大，故不惜破费光阴，就其原文所举事实之次序而驳正之。

第一，反日会虽已成为过去之名词，然对此会行动之是否应受四月二十日国府命令之制裁，实关我国国民心理。此种心理，且为我国民族兴衰之表征，故有追述讨论之必要。夫以次殖民地之中国，而欲跻自由平等之域，深切言之，须努力于三民主义之建设；粗浅言之，首在振兴国货、杜绝漏卮。前一语，或为常人所未易了解；后一语，则一般平民所较易领会者也。欲振兴国货、杜绝漏卮，固赖开辟利源、兴办实业，然以我国目下人才资本而论，欲以国货与外货竞争，实为不可能。故唯一利赖之方法，在实现关税自主，以资保护。关税主权既为帝国主义者所劫持，则经济上自卫之武力已央，不能不赖国人爱国心以为唯一之利器。故抵制外货，在消极方面，所以杜绝漏卮；在积极方面，即为提倡国货。自《二十一条》签字以至五四运动以后，我国民激于义愤，每有排货运动。或自行焚毁存货，或连医药科学上一切用品亦行拒绝。此种举动，诚不免有幼稚太过之诮。唯在关税未能自主，国有出品未能与外货竞争之时，此运动实为我国对付帝国主义者经济压迫唯一有效之武器。去岁济南惨案发生。全国各地均有反日会之组织，其间接裨益国家外交与国内实业者难以胜数，国民中感受压迫者小数贸利之奸商耳；叫苦痛恨而无可奈何者被诡谲之日人耳！故四月二十日国府保护人权之令一下，日本帝国主义者之报纸，即主张反日会应受限制，盖势有必然者也。然我国民中除奸而外，有表示赞同之态度者乎？胡君酷爱自由，侈谈人权，不自知其祖国所处之危运与自救之有效方法，乃放谈高论，为帝国主义与奸商张目，蹈卖国汉奸之所为，吾人实难窥见其用心之所在也。

第二，胡君对于反日会表示其同情于日本文的报纸而后，且更进一步，摭拾许多不合事实之传说以攻击党政机关说“岂但反日会的问题吗？无论什么人，只须贴上‘反动分子’、‘土豪劣绅’、‘反革命’、‘共党嫌疑’，等等招牌，便都没有人权的保障。……无论什么书报，只须贴上‘反动刊物’的字样，都在禁止之列；……无论什么学校，外国人办的只须贴上‘文化侵略’字样，中国人办的只须贴上‘学阀’、‘反动势力’等字样，也就可以封禁没收。”呜呼，胡君何恨于本党政府，而竟如是诬蔑？

夫于政局初定，人心浮动之时，任何国之政府，均有采取相当镇压防制手段之必要，我国现虽踱入训政之时期，然外有赤白帝国主义者之勾诱，内有共党与其他反动分子之隐伏，则政府取无形戒严的状态以制裁此辈之活动，实非常必要：此理于上文已言之矣。胡君其亦详考凡有被贴上“反动分子”、“土豪劣绅”、“反革命”、“共产嫌疑”字样者，均具有被贴上之理由乎？凡对于此辈之人权，均没有保障，自有其不予保障之原因乎？对于此辈身体之受拘禁，自由之受剥夺，财产之受牵制，亦均依其情节之轻重而定相当之处分乎？就书报而论，凡“反动刊物”字样之贴上，其发动于下级党部及政府者，均须申述理由，呈准上级机关；其由中央各部所主持者，亦须先经中央常会通过后，方能执行。其手续至为慎重，断不如胡君之为文不假思索，摇笔即来者。至对于外国人所办学校，虽明知其动机只为“文化侵略”，然苟无反对本党主义与政府之言论或行动者，不但未加以封禁没收，且一律予以保护。若如胡君所云，则首都之金陵，北平之燕大，沪上以及各地教会所主办之大中小各级学校二千余处，早已不复存在矣。至国人所办学校，经政府封禁没收者，数年来只有大陆等学校，胡君以政府此种处置为不当耶？胡君素以称道汉人之治学方法闻，生平一切著述思想措词，均颇审慎，不图其久居租界，遂深中共产党改组派及帝国主义者反宣传之毒，对于政府表示不满，遂不惜以不合事之谣言以为诟病掊击之资。此吾人所深为诧异惋慨者也。

第三，胡君因陈德征同志在第三次全国代表大会有《严厉处置反革命分子案》之提议，忍不住了，因而写信给司法院长王宠惠博士，并把信稿送给国闻通讯社，不幸为检查者扣去，未能在各报刊出，遂露其慨然不平之意。此事在胡君作《人权与约法》一文时，本已成过去之史料，唯胡君既欲旧事重提，吾人亦当不惜词废。陈同志之提案，其是否姑置不论，至胡君对于党务消息能如此关心，吾人对之甚表敬意，其以个人名义致函中委，亦极必要；唯若将该函公开发表，则尚有商议之数点。第一：该函是否误以未经大会讨论而作为大会通过；第二：于讨论该提案本身以外，有否肆意诋毁党国攻击个人之言论。如二者而有其一，则与其公开后而引起不良之影响，不如予以扣留以减少无谓之纠纷。吾人不但对于此一事之态度如此，即斯后凡有类此之事件发生，深冀胡君能以“爱国热”而暂制止其“发表狂”也。

第四，安徽大学校长之被拘禁之事，胡君既谓该大学校长挺撞蒋主席，则被拘禁数天亦宜。盖个人对于其名誉身体人格，均有不容他人任意侵犯之权，一部《中华民国刑法》数百条，其作用即在此。在平民与平民间，如有被侵犯时，则出之以起诉，求法律之保障，若一国元首有被侵犯时，自当有即时加对方以制裁之权，胡君既主张人权须有保障，岂以安大校长宜有之，而为国府主席即当例外乎？

第五，唐山一百二十五旅军官拷打商人事，据胡君谓其原因是为该商收买枪枝。私人收买枪枝，在唐山是否曾经明令禁止，与违令收买者应得之罪，以及该商收买之来源数量手续等，均应先行研究清楚，方可下一论断。这些事实，姑不去说他。吾人固亦以一切军民间之冲突，总是军人非理，平民受屈。但军人之所以恣肆跋扈者，在其目无中央与法纪；夫既目无中央与法纪，而能使之对约法即有所忌惮耶？乃胡君一则曰约法，再则曰约法，亦可谓不思之甚矣！

总之，胡君所引之证据五则，无一不违反逻辑，无一与约法有关。此种错误之由来，一由于胡君虽间亦注意事实，而未能继续不断的注意，故有许多重大者忽略了，因而说出很外行话。二由胡君朝夕受着反动宣传的熏陶，对本党与政府深表失望，遂出之以无意识的攻讦。三由胡君脑中深印过去共产党劫持党权时之一切造成社会恐怖鼓吹农工暴动的坏印象，而没有详细知道本党在清共以后的施设，因以过去共产党所犯的罪恶，强现在的国民党来负责。四由于党政机关中少数的败类之种种腐恶行为，引起胡君的不满，遂抹煞了本党整个行动是禀遵总理遗教，严格迅速地向前推进。

五、结语

总观胡君全文，其谈约法，则适以暴露其无法学之常识；其谈人权，则只表示其满腹之偏见；其牵涉党义之处，则无一语而中肯，其所引用之证据，亦均大背乎事实。际此训政肇始，党国多事之秋，智识阶级中如胡君者，不知本其所学以从旁赞助，乃恣腾臆说，摇惑听闻。其用心虽难究诘，而言论实属反动！故特揭示其谬点加以驳正，尚祈爱党同志与爱国同胞，群起辟之！

（《评胡适反党义近著》）

张振之

知难行易的根本问题

——驳胡适之“知难，行亦不易”论

(一)

为什么要提到这个知难行易的根本问题呢？本来孙先生的知难行易说已是大家公认而坚确信仰的学说，用不着讨论到这个学说的根本问题；不过因为有人要从根本上动摇知难行易的学说，所以我们非义正词严地提出这个根本问题不可了。所谓从根本上动摇知难行易说的是谁呢？就是近来言论趋于反动的胡适氏，他在北平的报纸上发表一《知难行亦不易》的文章，在标题之下注着“孙中山先生的行易知难说述评”。这篇文章，不但充满着恶意的攻击，并且要想从根本上动摇知难行易的学说。据我的观察，现在除了孙文主义的信徒坚确地信仰孙文学说以外，一般人对知难行易学说的态度，不外两种：一、是震于总理的功业，人云亦云地信着知难行易说，而并不知道知难行易的真义；二、是迷于中国古说，或是传欧西一家言的人，因为对于知难行易说理解不通，于是怀疑孙文学说，或者明目张胆反对孙文学说了。像胡适之氏当然属于后者。震于总理的功业而信孙文学说是靠不住的，怀疑孙文学说反对孙文学说的，当然是思想错误。所以我们尤其不得不提出这个知难行易的根本问题来郑重讨论一番。

（二）

细读胡氏全文，“专家专家”、“学术学术”的字眼不绝地写着，无非表示胡先生是一个学者罢了。不过胡氏全文所论，无一字一句不是讥笑怒骂，从总理的学说主义，乃至现在的党与政府，都做了胡氏攻击材料，可见胡氏轻于感情用事，毫无理性已达极点，已经完全丧失了学者态度的尊严了！有人说：“胡适之这种态度，太可恨了！”我说：“胡适之这种态度，并不是可恨，不过太可惜了！”因此，我们对于胡氏恶意的攻击恶意的讥笑，并不是也拿恶意对骂来报答，因为我们不愿意采取了胡氏的态度来丧失我们的尊严。我们是要平心静气地寻出胡氏立论态度不当的地方，从学理上寻出胡氏理论错误的地方，并且要平心静气地阐扬孙文学说的真义，确立知难行易论的坚固不拔的基础。现为行文便利起见，可以分为三部分来说：

一、评胡氏做这篇文章的动机与态度；

二、评胡氏理论的根据与其错误；

三、述孙文学说知难行易的真义。

这三部分的答辩，当然以第三部分最为重要，因为我们不是盲目攻击人家，我们要真实地做一番理论的建设，将来自然可以永绝怀疑与攻击的言论了。但是，在目前为对付胡氏的谬论起见，对于第一第二部分也不能不有相当的分析。

（三）

先就胡氏做这篇《知难行亦不易》的动机与态度来说。说到他的动机，这一说恐怕太远了。谁也晓得胡适之是一个文学革命运动的先导，胡先生也常常以思想界独一无二的人物自己骄矜；实际上，我们平心而论，中国的革命是以总理为发动。以总理为先导，总理的革命是融合东西文化的最完备彻底的革命，以政治革命为发动，由政治革命而影响到人民的生活，使文化上艺术上都发生革命运动。所以总理以革命创造了中华民国，入民国以来社会上各种枝节的革命不过是总理所领导的革命潮流的支流，而胡先生的文学革命也好像孙行者跳不出如来佛的手掌。

戴季陶先生在《国民革命与中国国民党》上说过："……再说民国三年的时候，大家倘若肯一致赞成'文字革命'的主张，以革命党的党义来鼓吹起来，何至于要等到民国八年，才让成陈独秀胡适之来出风头。"我想这几句话是很可以说明文学革命的价值。如果领导了这种文学革命胡先生就要自居革命的先导，那么刘海粟的画的革命，张竞生的所谓性学的革命，岂不是都可以自居为革命导师吗！但是胡先生好像总是不肯屈居在中山先生之下，于是对于中山先生随时随地地毁谤，指望着中山先生的失败。在陈炯明背叛总理的时候，每个党员每个有血性的人都痛恨陈逆的毫无信义，而胡先生在当时的所谓《努力》上的著论，说这是南方内部纷争，并且说陈炯明的行动也是革命的；这明明是对于孙先生表示仇敌的意思。也许胡先生是“好人政府”的倡导者，当然对于“国民政府”是幸灾乐祸的。到后来，胡先生的思想好像段执政善后会议的不能善其后，越走越不通了；胡适之先生真有“何所适从”的感想。胡先生灵机一转，就借着英国庚款基金离开中国作世界之游，作为转圆他的思想的余地。他一到俄国，就写信到《现代评论》大大地赞美了苏俄，在他得意洋洋绕遍了世界一周，从美国而渡到日本的时候，中国的领土三分之二已全在国民革命军的掌握之中，同时本党又把媚俄的共产党清除，这又是胡先生刚出国赞美苏俄那时所意想不到的。胡先生当又是一番“何所适从”的感想。有人问刚归国的胡先生对于国民革命军的感想如何，他说：“除了歌颂功德以外还有什么话说呢？”胡先生的一种悻悻之态，跃然如见。这几年来，国民党国民政府大概没有依照着胡先生所想像的“好人”来组织，胡先生对于党与政府自然不高兴，也不免热讥冷嘲了。如上月做的《人权与约法》，现在发表的《知难行亦不易》，态度都是一贯的。我真千万不懂，是不是胡先生以前在美国学校里所读的超过他功课三分之一以上的政治功课在他肚子里膨涨起来非发泄一下不可呢？还是他好人政府的纲领已经重新组织完备要想发动好人政府运动呢？总之，这位胡先生做这篇《知难行亦不易》无非是因为胡先生的聪明与侥幸出风头以后，对于总理的思想、总理的革命，甚至对于总理唯一的遗产——党与政府都加以攻击，这是胡先生做这篇文字的动机；这个动机的由来是非常长久了。我们再观察做这篇文字的态度，因为他的动机恶劣，所以在文章上所表现出来的态度尤其来得恶劣。他竟敢说孙文学说有二大根本错误，如他在文中所说的："……中山先生志在领导革命，故倡知难行易之说，自任知难，而勉人以行易。他不曾料到这样分别知行的结果有两大危险：第一，许多青年同志，便只认得行易，而不觉得知难。于是有打倒知识阶级的喊声，有轻视学问的风气。这是很自然的：既然行易，何必问知难呢？第二，一班当权执政的人也就借'行易知难'的招牌，以为知识之事已有先总理担任做了，政治社会的精义都已包罗在《三民主义》、《建国方略》等书之中，中国人民只有服从，更无疑义，更无批评辩论的余地了。于是他们掮着'训政'的招牌，背着'共信'的名义，箝制一切言论出版的自由，不容有丝毫异己的议论。……但，老实说来，知固是难，行也不易。这便是行易知难说的第二个根本错误。"照他"老实说"的意思看下来，他简直承认孙文学说根本错误，且认为《三民主义》与《建国方略》也有批评讨论的余地，说不定要请文学革命首领胡适之先生去修改一下才好；所以他在文章结尾大声地说："此说不修正，专家政治决不会实现"！胡先生在文章中所表现出来的态度不仅攻击孙文学说，而且想修正孙文学说，我们除佩服胡先生的妄诞以外，几乎无话可以形容了。不过我们不能不说一句话，就是中国思想界庞杂、政治上纷乱皆由于中国人不信仰三民主义不实行三民主义之过，尤其是胡适之先生对于思想界庞杂、政治上纷乱要负一大部分责任。我下此断语，恐胡适之先生自己也不能否认吧？在这里只限于说胡先生做这篇文字的动机与态度，至于反驳的话，留在后边说了。

（四）

就胡先生理论根据来说。我们丢开他恶劣的动机与恶劣的态度，放在一边不说，我们且平心静气来看看他理论的根据是什么。他对于知行的见解，在他那篇文章里可以看出来的，如说："行的成绩便是知，知的作用是帮助行，指导行，改善行。……便是越行越知，越知越行，便是知行不能分开。"又说："一个医生的造成，全靠知行的合一，即行即知，即知即行，越行越知，越知越行的工巧精妙。"又说："故政治是无止境的学问，处处是行，刻刻是知，越行方才越知，越知方才可以行得越好。"通观胡先生所论，也没有什么特别新奇的地方，我们可以概括地取个名字叫做"知行合一论"吧！胡先生的知行合一论，并不是胡先生前无古人后无来者的新发明，考其来源，不外两点：一、渊源于杜威的实验主义；二、渊源于王阳明的学说。拿前者来说，实验主义是胡先生做学问的法宝，文学革命的理论是假借于实验主义，"多研究问题少谈主义"的主张是根据于实验主义，编《中国哲学史大纲》也是根据实验主义的方法，甚至主张"好人政府"据他自己说也是一贯的实验主义；胡先生真不失为杜威的高足，是一个彻头彻脑的实验主义者了。其次，何以说他的“知行合一论”是渊源于王阳明呢？因为胡适之在前年评《孙文学说》时说过：“书中有许多我不能赞同的地方，如第三章论中国‘文字有进步而语言转见退步’，第五章论王阳明一段，比较都是小节，我可以不细批评了。”读过《孙文学说》的总晓得孙先生是批驳阳明学说的，胡适之不赞成孙先生的批驳阳明学说，可见得他至少是赞成阳明学说的了。关于胡氏的“知行合一论”，我们更可以读他的《五十年来之世界哲学》及《讨论实验主义》诸篇，那么更可以晓得他学说的来源了。如他所说的：“科学的目的只是给我们许多有道理的行为方法，使我们从信仰这种方法生出有道理的习惯。这是科学家的知行合一论。”胡氏关于这一类话很不少，不能一一引录。无论胡氏的学说怎样圆满，我们只能说他的“一家言”罢了，最多不过表现出他是杰姆士、杜威、王阳明的传述者，或者是继承者。关于他这种一家之言的理论有否错误，当然很值得辩驳，但是在这个地方我们要把实验主义的全部加以讨论辩驳：这是太不值得了。胡氏要想拿他实验主义派的“知行合一论”和王阳明的学说来修正孙文学说，这个新旧的“知行合一论”好比胡氏的法宝了。这个新旧的“知行合一论”是否可以修正知难行易说，或者是能否攻倒了知难行易说而取而代之，我们却用不着讨论，最好还是拿胡氏的话来反驳胡氏的话。假使胡先生不承认他以前的说话是“胡说”，至少他现在的说话是“胡说”了。我记得胡氏过去对孙先生的主义没有什么阐扬，偏偏对于孙文学说介绍得许多，好像对于孙文学说有特别的好感。孙先生去世后，胡先生的挽联是“慈故能勇俭故能广，行之非艰知之唯艰”，这不是拿行易知难说作为孙先生一生精神的结晶品吗？而前几年所做的批评孙文学说的一篇文章，在大体上对于孙文学说是极口的赞美，我现在不妨引他的话来反驳他。如他所说：“这部书的根本观念，简单说来只有一句话：‘知之则必能行之，知之则更易行之。’他这一部书所举许多‘行易知难’的证据，有几种是‘不知而行之’的，如饮食，用钱之类；有几种是‘行而后知’的，如古时没有化学，先有瓷器、豆腐等化学品；有几种是‘知之则更易行’的，如现代化学，工程学，电学之类。全书最注意的是‘知之则更易行’一句话；作者的意思是说：现在是科学昌明的时代，从前不能得到参考材料，现在都可得到，从前无法计算的种种方面，现在都可通盘筹算，从前决不能征服的困难，现在都有征服的法子。在这个时候，若能用科学知识定下一种切实的远大计划，决没有不能实行的道理。从前不知尚能行，现在有了正确的知识，行起来更容易了。……”照他这段批评，似乎他也曾细心读过《孙文学说》，对于孙文学说也有相当的了解。他在那个时候并没有从根本上提出他那种新旧“知行合一论”来怀疑孙文学说反对孙文学说，所以他现在要想拿“知行合一论”来攻击知难行易说无非表示他前后的矛盾，显出他自己理论的错误罢了。实验主义派的理论，我们只能承认他是一家言，而阳明学说的错误已由孙先生痛驳过，他们理论的不完备都留在后边讨论了。

（五）

现在要阐扬孙文学说知难行易的真义。我们晓得孙文学说不是宗于一家之言的学说，是很富于“独见创获”的精神的。我以为孙文学说知难行易说有特殊的特点，和古来历史上的知行合一论及欧美各国的知行合一论有根本不同的地方。这个特点是什么呢？就是：一，知难行易说是从人类进化的历史看出来的；二，知难行易说是从社会组织上看出来的。这种根据于人类历史，根据于社会组织的知难行易说和古来人、欧美人的从个人的知行而定出来的知行说完全不同。

从人类的进化史上看，是行在先而知在后，孙先生区分人类的历史为三时期，这三时期就是不知而行时期、行而知时期，和知而后行时期。古人秉着生的冲动向前进，他自己不晓得所以然的道理，大概古代文化都是由这种冲动的、向前进的精神创造出来的；这是不知而行时期。其次，由盲目的冲动中得到许多的经验，由经验而得到知识，这便是行而后知的时代。后来凡百事情总是晓得了才去做，计划好了才去实行，这便是知而后行的时代了。可见历史上之时期的知行并不见得合一的。我们所处的现代是知而后行的时代，所以一定要先求知后去行。我们要彻底了解一种学问是很难的；至于说到行，不知而行的时代尚且可以行，可见行是容易的。

从社会组织上说，社会上人的程度各有不同，智愚贤不肖各有等别；孙先生区分社会的人为三种，这三种人就是；先知先觉者、后知后觉者、不知不觉者。能够发明的人是先知先觉，能够宣传的是后知后觉，能够实行的是不知不觉。发明和宣传是靠先知先觉者与后知后觉者，而实行是靠大多数的不知不觉者。

孙先生这种区别，是以一部人类历史作为单位的，是以整个社会作为单位的。拿一部人类历史作为单位才可以划为三个阶级，如果以个人划为三个阶级就说不通了。譬如拿不知而行的时期说，就那时候的人民个人说，大概都是过茹毛饮血的生活，但是茹毛饮血也是知识；比如捉一只走兽，用如何好的方法去捉，这就是知识了，如何好说他不知呢？拿整个的社会作为单位才可以划分三种人，如果以个人为单位也说不通了。譬如说三种人中间有最大多数的不知不觉者，这不知不觉者就算他农人与工人吧，但是就农人个人的种田工人个人的做工，哪一样不要知识的，个人没有知识没有感觉的一定做不好的，如何好说他是不知不觉呢？在此，我们必须要明白孙先生所指的知识之意义，他所指的知识不是指一个人捉一只走兽或者一个农人拿着锄头种田的知识，他所指的知识是以一部历史一个社会作单位的，以全历史、全社会的知识为单位，再拿来划分历史的时期和社会的分子。何以说知难呢？因为一个人要知道一部历史的知识要知道整个社会的知识是不容易的，所以一个人对社会通盘计划的知是很难的。何以说行易呢？至于行，说到大家分别去做，个人只管份内的就行了，份内的事还不容易吗？所以行易是对着个体的行为而言的。现在我们可以打一个比喻：一个工程师要有通盘计划的精密的知打一个房子的图样很不容易的；但是图样打好，造料支配好，实行造房子的工人，只要搬砖头、运木头、挑泥担水就行了，搬砖运木的行还不是很容易吗？从此可以晓得，造房子的知是通盘计划的知，由一个人或二三个人晓得这个通盘计划，这种通盘计划是极难的事；造房子的行是合许多人并合拢来的行，而每个人只要管份内的事，这份内的事是极容易的事。同时我们更要认清楚：在通盘计划的知的时候，不能把零星的知牵在里面；譬如打房子的图样的时候，不能把如何搬砖运木的零星知识放进去，否则一定要误会知是易事了。在个人做份内的事的时候，不能牵引到通盘计划；因为一个人只能做分工合作的份内易行的事，若是一个人离开工人群众，说要由他一个搬砖运木来造成一所房子，这自然要以为行难，拿个人为单位说，行易的话是很难得到圆满解说的。一个人晓得造军舰飞机的知识，但是由一个人独力来造军舰造飞机，这是极难的事了。有了开凿运河的知识，一个人却不能开凿；有了全国铁道的计划，一个人却不能造铁道；有了反对帝国主义谋救种救国的知识，一个人却不能干起来的。以个人为单位来讲知行，就很容易变成知易行难了。所以，我们一定要认清知难行易说是以全社会为单位，我们更要注意到两点：

一、知难行易说并不是反对知行合一说的，他是能够达到真正的知行合一的；明显地说，他是能够达到社会的知行合一的。因为知难行易是以全社会为单位，所以以达到全社会的知行合一为最高目的。譬如孙先生把社会上的人分为三种：先知先觉为社会而发明，后知后觉为社会而宣传，不知不觉为社会而实行。这三种人的发明、宣传、实行，岂不都是为社会的吗？这三种人的目标合一，岂不是社会上的知行合一吗？在以前单纯的手工业时代，也许一个工人的知行有合一的可能，譬如有做一张凳子的知识的，就可以一手做出一张凳子来。到了现代机器工业发达以后，计划的计划，监督的监督，实行的实行；而所计划，所监督，所实行的，实在是一件工程，不论几十人，几百人，或几千人，其目标之齐一，正如以前手工业时代一个小工一手完成一张凳子一样的。在现代的社会讲个人的知行合一是讲不通的，讲社会的知行合一才能真正的知行合一，好比现代讲自由的，不能讲个人的自由，只有讲团体的自由。

二、知难行易说并不是把“知难”“行易”分作两截，实际上两者互相影响面成为一个作用的。说知难呢，就是看重知识，就是叫大家要知道这个难知的知，只要把难知的知能够知了，行起来一定很容易了，这是由知难来促进行易；说行易呢，就是鼓励大家起来实行，只要大家能够以行为易而起来实行，这个难知的知一定很快地在行为中实现了，这是由行易来促成知难之实现。所以越是求难知的知，越是易行；越是易行，越可使难知的知实现。知难与行易不是两截，知难与行易是互相影响而为一个作用的。

关于孙文学说的真义，我个人所见到的，约略叙述如此，当然有许多不完善不周到的地方，我个人已经做好一本《孙文学说之研究》，在这个里面有很详细的申说，最近的将来是可以向大家请教的，所以这里不再多说了。

（六）

我不愿零星地批驳胡氏的理论，现在可以根据以上所论各点来反驳胡氏的理论了。

胡适之先生是主张知行合一论，这种知行合一论是个人的知行合一论，而不是社会的知行合一论；在现代的社会，个人的知行合一，是事实上所不许可的。胡先生只懂老学说，不懂新学说，好比研究经济学的只晓得资本主义个人主义的经济学，而不晓得社会主义的经济学。实验主义者总是要把东西放在实验室里实验，但是世界的事情哪里可以样样实验呢？实验室里一部分的知行合一，拿到社会上就不能合一了。不晓得整个的社会好比一个大的实验室，全社会的人有的知有的行，即是全社会的人即知即行越知越行。胡氏以个人为出发点的知行合一说，在社会上实在说不通的。孙先生所举知难行易十大例证，都是以全社会的知为知，以全社会的行为行，这就是孙先生的知难行易说即是社会的知行合一说的明证了。而胡先生偏偏要举出医学上的例证，想推翻孙文学说，如他说："中山先生做过医学功夫，故不肯举医学做证据，因为医学可以推翻行易知难的学说。医学是最难的事，人命所关，故西洋的医科大学毕业年限比别科都长二年以上。……医学一面是学，一面又是术，一面是知，一面又是行"。知难行易是以整个社会为单位的，如果拿个人的知行来难知难行易说，这就是不明白知难行易说真义的明证。现在且退一步，即就医学来说，西洋医科年限比别科长，因为医学是很难的事，这正可以证实了“知难”说的真价值了。再说实施诊病的时候，第一步是诊断的功夫，在诊断时非详知病人的病源病状不可，非运用高深的医学知识不可，这就是知难；至于过了这重诊断的“知难”的难关，那么不论下药开刀都很容易了。下药下错开刀开错，不是行之难，是由于诊断时所知未切的缘故。胡氏也不能拿医学来难倒孙文学说呵！

我说过知难行易不是两截的，是互相影响，而且是一个作用。而胡先生只截取了“行易”，揪住了行易，说出许多行易的流弊，所以胡氏并没有批评孙文学说，他只批评行易说罢了。例如他说：“许多青年同志便只认得行易，而不觉得知难；有打倒知识阶级的喊声，有轻视学问的风气。……第二，一班当权执政的人也就借‘行易知难’的招牌，以为知识之事已有先总理担任了……”其实总理的知难行易说，一方面是看重知识，一方面鼓励实行，看重知识甚于看重实行。要是真正的国民党党员，没有不看重知识的，没有不尊敬学问的；除非共产党才高呼打倒知识阶级。所以要救济这种不看重知识、不尊敬学问的颓风，唯有阐扬知难行易说的真义，使大家看重知识，唯有希望那些走马看花地游过苏俄一遍的人，不去盲目的赞扬苏俄。那么孙文学说正是对症下药的方子。他又从纨绔子弟办交通说到旧式官吏管卫生。我们姑不论这种事实的有无，就是退一步承认有这种事实，那么更可以证实了知难行易说的价值。因为胡氏所说的如当火头出身的可以办财政，这种人办财政自然办不好，就因为这种人没有把难知的知知了就去蛮干，要是能够真切的知，一定很容易行的。

孙先生的行易说是接着知难说而来的，现在胡氏只揪住了行易说瞎闹一顿，这种牛头不对马嘴的述评，出之于大博士如胡氏之口，真正太可惜了！我以为现在政治的不上轨道，以及种种腐败的情形，都是由于一般人没有把总理的主义方略知得透彻，因为没有知得透彻，所以没有实行起来，现在一般政治上蛮干盲干的人，正是不知而妄行。要救济这种弊病，就要发扬知难行易的真义，决不是修正知难行易的学说。这是一个知难行易说的根本问题，决不容许“胡说”来“胡改”的！

（七）

最后，我要声明几点：

一、我不是和胡先生打笔墨官司，不过是纠正胡先生荒谬的言论；若真要打笔墨官司，且等拙作《孙文学说之研究》与世人见面之后，再开笔未迟也。

二、必须胡先生能真正了解孙文学说、三民主义的真义以后，以这个为前例，然后讨论到现在一般人为什么不能真正了解主义不能真正实行主义，由此而真实地拥护孙文学说拥护三民主义：那时我就很愿意和胡先生作有益的贡献了！

在别人以为胡适之可恨，我只觉得胡适之太可惜，就是胡适之先生从新文化运动一直到现在始终在“胡适之？”彷徨的路中，没有探到文化的根源。他的《中国哲学史大纲》只成了上卷，而中下两卷还没有写成，“好人政府”的努力又不能贯彻，文学的尝试至《尝试集》而止，今后的胡先生所走的路子是什么，连胡先生自己也不晓得。我们检查胡先生近几年的行动，忽而参加善后会议，忽而拿中国的钱而做英国的官，忽而赞扬“打倒智识阶级”的苏俄，忽而称颂清党的国民革命军；前后倒置，皆由于不知之故呵。屈指算来，这几年来中国负有声望的学者，章太炎已经自己掘好了自己的坟墓，梁启超已爬进了他的棺材里面，章行严已与老虎报同其寿命。我们所希望于胡适之先生的决不是这样的，胡先生自己所希望于自己的也决不是这样的吧！

我们所希望于胡先生的，还是“努力”完成的《中国哲学史大纲》，“努力”求知；（不过最近胡先生在某处演说，说他的哲学店要关门了，哲学饭要不吃了，不晓得这是不是作为他不能完成中下两卷《中国哲学史大纲》的遮脸的说法，我们真替不能完成《中国哲学史大纲》的胡先生可惜！）至于参加善后会议，和今日做一篇文章称赞这个，明日做一篇文章攻击那个，是很容易做的。上海的环境容易使人堕落，我们固然反对当火头出身白掌理一省财政，也不愿意一个堕落少年担任大学校长，尤其不愿意一个以巴结上外国流氓为荣的人担任大学校长！

胡适之先生呐！适之容易，胡适之实难，你究竟何所之呢？

（《评胡适反党义近著》）

无任

有宪法才能训政吗？

在中国国民革命进行当中，帝国主义者很愤怒地说，中国国民党是过激的东西，同时，封建军阀也恐慌着说，中国国民党是要赤化中国了。帝国主义者和军阀同样的反对中国国民党，我们知道的。因为中国国民党要推翻帝国主义和封建军阀在中国的统治，才引起他们的不安。中国国民党和他们立于对敌的地位，他们不能不用诅咒的态度来反对中国国民党。现在的时期，中国国民党统一了中国，紊乱的中国政治渐次入了轨道，已在国民革命实行训政的时期了。同样的，在一般士大夫阶级封建余孽和新兴的资产阶级都高呼着，中国国民党独裁，中国国民党专政。他们反对中国国民党的意义和帝国主义军阀是一样的。

最近胡适发表他的文章，反对中国国民党的理论，颇值得我们注意的，不用说，胡先生有他的立场。他的观念，是代表现在中国一班士大夫阶级来反对中国国民党的。在胡先生过去的主张，是要建立“好人政府”，仍是切望着尧舜文武禹汤式的圣君贤相而治天下的，所以于国民党的训政时期特别高呼着：“要有宪法才能训政”。他忽略了社会的进化和革命的原则，故作无病呻吟的生活，在我们看起来，自然不足奇怪的。中国士大夫的人们？多得很，江亢虎先生还是忍耐着，在报纸上特别声明，要在宪政时期，才来做他的政治活动，然而胡先生却是着急地说，要有宪法才能训政。他确是太多闲工夫了，他在庐山为了什么塔做四千余言的大文章，他这一回对于国民党的文章大概也当作在庐山做的文章一样的看待罢。

帝国主义和军阀反对中国国民党，在他们的立场是对的，因为帝国主义和军阀是和国民党不能并立的，然而胜利的归于谁呢？这是在黑格儿的哲学“合理者存在，不合理者灭亡”里面已证明。在国民党的立场是革命的立场，现在中国的社会进化的途向，只有在三民主义的途径上走，三民主义的党——中国国民党，就有领导中国革命的必要。中国国民党的专政，本身毫无掩饰的，我们的口号“以党治国，以党建国，以党专政”毫无疑义地宣布出来。因为中国国民党负了领导中国国民革命的责任，当然要尽这个责任而完成其使命，在训政时期，就是以党治国，以党专政的时期，在革命的立场上，在革命的理论上，丝毫用不着客气的；除非国民党放弃了革命的责任，才能放弃以党治国以党专政的主张。

在革命者看来非常明白的，在革命的时期，敌人是非常多的，革命的权力不能消灭反革命的势力，革命是失败的；

在训政的时期，反革命的力量能不能来反攻，是看党的力量能不能消灭反革命的势力，所以党的专政是革命的手段和策略，是不变的原则。

在另一方面的意义，党的专政，决不是如暴君临下民的专制，在党的专政，就是统治的政治权力，不能落于敌人手里，要由党的力量掌握政权而训导人民在革命的主义——三民主义的途径走去，国家和人民才能达到生存的目的。

在胡先生确是太过崇拜“天赋人权”的信念了。我们远看一点，在欧美的虚伪民权，对于人民有什么利益。胡先生到了欧美，只看见坐汽车住洋房的人们生活享受愉快，他们有了民权，才能国富兵强，炮舰驶到中国如入无人之境，而没有看见工厂里面做资本家奴隶的工人和殖民地里面被压迫的人民的状况。他们国家里的民权，是为特殊阶级所占了，痛苦的民众们哪能占得丝毫的利益。美洲的民主政治这样的虚伪，在胡先生见解，似乎没有感觉得到的。胡先生的汽车救国的主张不够，还是要把欧美式的民权搬到中国来尝试吗？在现在的时候国民党并不是不尊重民权，我们所说的民权，是要全体民众利益为前提，以整个民族的利益为前提。国民党要使民众有完全的民权，就要使人民经过训练，才不会把民权送给土豪劣绅贪官污吏手里，所以才有训政。训政的方法来保障民权，比胡先生所说用宪法来保障民权强固得多了。

法律是什么？我现在虽然不敢下一个肯定的定义；然而可以在社会演进里面找出它的来源。法律就是社会进化过程中，为统治者一种权力。法律的产生，是由社会生活方式而表现一种规则。所以最高的宪法而至于各种法律，都是表现统治者的权威。我们来看，欧美各国的帝国主义有他的宪法，苏俄虚伪共产主义国家，意大利法西斯蒂国家都有他们的宪法，宪法的名词固然是一样，因为他掌政权的阶级不同，因此他的宪法的本质也就差得很远了。欧美各国的宪法是保障资本家的利益，苏俄的宪法是剥夺资本家的利益，欧美的宪法有人民的自由——虚伪的自由——而苏俄意大利的宪法，要共产党和棒喝团才有他的自由。所以法律都是束缚人民的工具。但是我们中国需要什么宪法呢？我们就要看我们中国革命的途向来决定统治者是什么阶级。我们都晓得，中国国民革命，是为解放中国的民众为最高目的，是为全中国的民族的利益为目的，所以统治中国的是全中国的民众，不是某一个阶级统治中国，我们的宪法即是保障全中国人民的法律。我们需要这样的宪法，同时就要使人民能够遵守这样的宪法，就要经过训政时期来训练民众，宪法所赋与人民的权利，才不会落于革命的敌人手里。

现在对于中国政治若果站在客观上去观察，谁都不能否认现在中国的情形，必须有三民主义的党去统治，并且依着革命的程序上必经过训政的时期，以党专政，而国家的政治入于轨道，才能实现民有、民治、民享的国家。假使站在帝国主义军阀和一班所谓士大夫的立场去看现在的政治施设，自然觉得，国民党的专政是残暴的行为。这就在国民党的革命者都能了解对方的用意，本身不会有丝毫的损失。凡是一个革命党的本身，固然可以给他人批评，尤其是对敌人的批评是不能避免的，无论批评怎样的冷酷，要站在革命的立场上而观察事实。我们相信，中国的统治，是需要国民党的统治，救中国的主义，是需要三民主义。我们只有依照一种方针进行。

（《评胡适反党义近著》）

瞿秋白

鹦哥儿

“昔有鹦鹉飞集陀山。山中大火，鹦鹉遥见，入水濡羽，飞而洒之。天神言：‘尔虽有意志，何足云也？’对曰：‘尝侨居是山，不忍见耳。’”——胡适之引周栎园《书影》里的话做他的《人权论集》的序言。

鹦鹉是一种鸟儿，俗话叫做鹦哥儿。大家知道鹦哥儿会学嘴学舌的学人话。然而胡适之先生整理国故的结果，发现了它还会救火，这倒是个新发现的新大陆。

话呢，的确不错：现在的鹦哥儿都会救火了。第一，因为新大陆是鹦哥儿侨居过的，所以新大陆要有大火的话，它一定要去救。第二，鹦哥儿的“骨头烧成灰终究是中国人”（见同上），因此，中国正在大火，鹦哥儿也一定要来救的。鹦哥儿怎么救火呢？

鹦哥儿会学人话，它们自然是用自己的花言巧语来救火。

例如1871年普法战争的结果，普鲁士的兵打到了巴黎城下；资产阶级的各种党派，看见巴黎工人武装起来防守巴黎，并且组织公社政府，于是乎大家牺牲政见，团结起来一致对付工人，宁可准备把巴黎去投降普鲁士的军队。结果，的确把法国的爱洛两州立刻割让给德国，这样得了德国普鲁士的同意，使普鲁士的军队不来牵制他们，他们就痛痛快快地屠杀了巴黎公社。这个法国资产阶级各种党派联合的政府叫做国防政府，的确救了法国的和德国的资产阶级的统治。中国的鹦哥儿现在也学着法国资产阶级：也牺牲了自己的“人权”论的政见，也主张来这么一个国防政府。再则，最近英国财政资本的统治也开始着了大火了；所谓工党的麦克唐纳立刻牺牲政见，主张裁减工人失业救济费，减少工人工资以及国家职员的薪金，……和保守党自由党组织三党联合的国民政府，企图救英国帝国主义的命。中国的鹦哥儿也学着英国的贩卖工人的专家，来主张什么联合各派的国防政府。

中国的鹦哥儿就会这样学嘴学舌的救火。固然，他们“虽有意志，何足云耳”，然而他们要救火的诚心，他们要救中国绅商统治以及国际帝国主义统治的诚心，是值得“感激”的！

花言巧语的鹦哥儿，你们的“人权”“自由”……还要骗谁呢？

鹦哥儿呵鹦哥儿！你们还不如兔儿爷。兔儿爷有一种特别的骗人的本事！它们遇见什么危险的时候，立刻用两只小巧的前腿，把自己的很美丽的红眼睛遮起来；这样，它们就看不见危险了，它们以为危险也看不见它们了。如果它们遇见的是猎狗，那么，它们这一套把戏，岂不骗了猎狗又骗了自己吗？自欺欺人，一当两用，真正巧妙之至。

中国的兔儿爷现在也应当看见大火了，但是，它们会遮起自己的眼睛来。

自从日本如入无人之境地打进了满洲，一切种种的鹦哥儿，都忽然地发见了中国的大火，大学教授，新闻记者……都在叫着："赤焰熏天，疮痍遍地。"大家口头上都要救国，其实是要救火。有些人也许衷心至诚地要解放中国，甚至于要解放的还是劳动群众；可是他们像兔儿爷一样故意遮起自己眼睛来，说"劳动群众腐化了吗？为什么不起来救国？"

他们遮起了自己的眼睛，不看那些对于帝国主义不抵抗的枪炮飞机手榴弹……正在对准着劳动群众，而且这些家伙对于劳动群众决没有对于"吾人子弟"的学生那么客气。结果，这些人的至诚，客观上仍旧是替绅商统治救火，——因为他们这样"至诚的态度"比鹦哥儿更加容易骗人。所以兔儿爷终究也是一种骗人的鹦哥儿，不过道行和法力比较的更深些罢了。

可以说：一切种种的鹦哥儿，连兔儿爷式的也在其内，虽然会学着人话七张八嘴在花言巧语地说个不了，然而他们大家一致不说的却有一件"小小的"事情。这是一件什么事情？

这就是成千成万的平民小百姓被人家屠杀，剥夺任何的自由和权利，做牛做马地做着苦工。这些小百姓还是牛马的时候，日本的以及法国英国美国……资本家的军队要开进中国来，永久是如入无人之境的。

中国的绅商统治之下，中国原是个“no man's land”！

鲁迅

王道诗话[1]

“人权论”是从鹦鹉开头的。据说古时候有一只高飞远走的鹦哥儿，偶然又经过自己的山林，看见那里有大火，它就用翅膀蘸着些水洒在这山上。人家说它那一点水怎么救得熄这样的大火，它说：“我总算在这里住过的，现在不得不尽点儿心。”鹦鹉会救火，人权可以粉饰一下反动的统治，这是不会没有报酬的。胡博士到长沙去演讲一次，何将军就送了五千元程仪。价钱不算小，这叫做“实验主义”。

但是，这火怎么救，在“人权论”时期（一九二九——三〇年），还不十分明白，五千元一次的零卖价格做出来之后，就不同了。最近（今年二月二十一日）《字林西报》登载了胡博士的谈话说：

“任何一个政府都应当有保护自己而镇压那些危害自

① 本篇最初发表于一九三三年三月六日《申报·自由谈》，署名干。

己的运动的权利，固然，政治犯也和其他罪犯一样，应当得着法律的保障和合法的审判……”

这就清楚得多了！这不是在说“政府权”了么？自然，博士的头脑并不简单，他不至于只说：“一只手拿着宝剑，一只手拿着经典！”如什么主义之类。他是说还应当拿着法律。

中国的帮忙文人，总有着一套秘诀，说什么王道，仁政。你看孟夫子多么幽默，他教你离得杀猪的地方远远的[①]，嘴里吃得着肉，心里还保持着不忍之心，又有了仁义道德的名目。不但骗人，还骗了自己，真所谓心安理得，实惠无穷。诗曰：

文化班头博士衔，人权抛却说王权，朝廷自古多屠戮，此理今凭实验传。

人权王道两翻新，为感君恩奏圣明，虐政何妨援律例，杀人如草不闻声。

先生熟读圣贤书，君子由来道不孤，千古同心有孟子，也教肉食远庖厨。

能言鹦鹉毒于蛇，滴水微功漫自夸，好向侯门卖廉耻，五千一掷未为奢。

三月五日

---

① “离得杀猪的地方远远的”，见《孟子 · 梁惠王》：“君子之于禽兽也，见其生，不忍见其死；闻其声，不忍食其肉，是以君子远庖厨也。”

当局法令文书

保障人权令

世界各国人权，均受法律之保障。当此训政开始，法治基础亟宜确立。凡在中华民国法权管辖之内，无论个人或团体均不得以非法行为侵害他人身体，自由，及财产，违者即依法严行惩办不贷。着行政司法各院通饬一体遵照。此令。

中华民国十八年四月二十日颁布

国民党北平市整委会训令

平市整委会顷接天津市整委会来函，称《新月》月刊第八期载有诋毁约法、诟辱党国之文字，亟应严行取缔。该会经查明属实，除函请公安局严予查禁外，并训令各区党部饬属一体查禁，以遏反动。兹录训令如次：

天津市整会中字第四三九号公函内开：“径启者：查《新月》月刊发行以来，时常披露反对本党之言论，近于第八期中竟载有诋毁约法、诟辱本党之文字，迹近反动，亟应严行取缔，以辟邪说，而正听闻，业经敝会第十九次会议决议查禁在案。除分函外，相应函请贵会设法查禁，以遏反动，而止谣诼，至纫党谊”等由，准此。查该刊第八期中确有诋毁约法、诟辱本党之文字，除函公安局严予查禁外，合即令仰该员厉予查禁，并饬属一体查禁，以遏反动为要。此令。

上海市第三次全国区代表大会议决案　胡适言论荒谬请教部撤职　请中央严厉制止学阀活动　严厉防止反动分子之活动　建议对赤俄临时方针三项　共计重要案件四十项

本市第三区党部前日召集该区第三次全区代表大会。开会情形，已志昨报。所有议决案件，业经大会秘书处理整理完竣，共计四十件，兹探录如下：

丁、临进动议：十二、呈请市执委会转呈中央，严厉制止学阀之活动案。决议，通过。十三、呈请市执委会转呈中央，咨请国民政府，治饬教育部，将中国公学校长胡适撤职惩处案。决议，通过。

（据胡适 1929 年 8 月 13 日剪报）

上海市执委会第四十七次常会　呈请撤惩中国公学校长胡适　并开除苏民政厅长缪斌党籍　监督编遣公债七千万元用途　组织第三届党义教师检委会

上海特别市执行委员会于昨日（24 日）上午十时开第四十七次常会。到执委：陈德征、吴开先、范争波、潘公展、汤德民、童行白、施公猛、邓通伟。列席监委：朱应鹏、王廷松。候补执委：侯大椿、杨清源、陶百川。主席：范争波，记录：黄之□。行礼如仪。兹将讨论事项及临时动议摘要录下：

讨论事项：（一）……（二）三区党部呈，为属区第三次代表大会决议，请转呈中央咨国府令教育部将中国公学校长胡适撤职惩处，祈核转案。议决，历举事实，附加意见，转呈中央。

（据胡适 1929 年 8 月 25 日剪报）

中公校长胡适反动有据　市党部决议请中央拿办

侮辱本党总理，诋毁本党主义，背叛国民政府，阴谋煽惑民众。——第四八次执委常会之决议。

上海特别市执行委员会于昨（28 日）上午十时开第四八次常会，到执委范争波、施公猛、汤德民、邓通伟、童星白、潘公展、陈德征，列席监委王延松、朱应鹏，候补执委会吴伯匡、杨清源、陶百川、侯大椿。主席范争波。

行礼如仪。兹将讨论事项及临时动议摘录如下：

临时动议，五、宣传部提，中国公学校长胡适，公然侮辱本党总理，并诋毁本党主义，背叛政府，煽惑民众，应请中央转令国府，严予惩办案。决议，呈请中央。

（据胡适 1929 年 8 月 29 日剪报）

胡适担不起的罪名　侮辱总理背叛政府
沪市党部攻击胡氏之文

〔二十八日下午十一时七分上海专电〕市党部以胡适近所作《知难，行亦不易》、《人权与约法》及《我们什么时候才可有宪法》三文，认为侮辱总理，诋毁主义，背叛政府，煽惑民众，今议决呈中央严办。（按胡氏《知难，行亦不易》、《我们什么时候才可有宪法》二文，皆载诸近刊之《新月》杂志第二卷第 4 号）

（胡适眉注：“《大公报》。八月二十九。”）

平市百余党员请查办　前善后会议委员胡适

〔北平快信〕自胡适在上海发表《人权与约法》等论文后，平市党员多认为评论牵强，有意诋毁主义。党员黄汝翼等，已向党部请求中央严加惩处，附议者已达百余人。其向上级党部建议原文大意如下：查前段祺瑞政府时代之善后会议委员、在民国时代向逊清废帝宣统行跪拜礼并称呼溥仪为皇上、藉提倡新文化运动招牌冀达其猎取富贵功名目的之胡适，近在上海出版之反动刊物《新月》上，先后发表《人权与约法》、《知难行亦不易》、《我们什么时候才有宪法》各文，侮辱总理，诋毁主义，其造论牵强，见解谬妄之处，虽〔已〕经中央各报痛加驳斥。当此各反动派伺机活动，共产党文艺政策高唱入云之时，该胡适原为一丧行文人，其背景如何，吾人虽不得而知，然其冀图解我共信，摇我党基之企谋，固已昭然若揭。若不从严惩办，势必贻患无穷等语。该呈文由第六区党部转呈市党部矣。

（据胡适 1929 年 9 月 9 日剪报）

津市党委请惩办胡适

〔本报十一天津电〕天津市党务整理委员刘不同提议，胡适诋毁总理学说，请中央惩办。已通过，并电中央。

北平市六区党部请严惩胡适
——第六次常会决议请转呈缉拿严办

三、黄汝翼同志提议，最近胡适在上海《新月》杂志发表《人权与约法》、《知难行亦不易》等文字，言论荒谬，诋毁总理，特提出建议书，拟请公决案。决议呈请市党部转呈中央通缉严办。（下略）

北平市党部请缉胡适
经市指委会决议并请迁葬廖先生

〔北平电〕平市指委员常会决议：一、胡适最近在《新月》上发表之《人权与约法》、《知难行亦不易》等文诋毁总理，呈请中央严行缉办。（下略）

（据胡适1929年9月14日剪报）

江苏省党部呈请中央缉办无聊文人胡适

江苏省党部于前日（13日）下午二时开第四十七次执委会。出席委员：倪弼、祁锡勇、滕固、葛建时、周杰人、顾子扬。列席者：周厚钧、王建今、周绍、左其鹏。主席：滕固。记录：陈润棠。开会如仪。

甲、报告事：请转呈中央撤职严办案。决议，照转呈。

七、顾委员子扬提议：无聊文人胡适，最近在《新月》上发表之《人权与约法》、《知难行亦不易》等文，诋毁总理，应由本会呈请中央缉办，请公决案。决议，通过。（下略）

呈请惩办反动的胡适为本党同志之一致要求
天津市党部十二常会决议

天津特别市整委会本月十日上午九时，举行十二次常会。出席者：傅作义，陈石泉，刘不同，鲁涤平。傅作义主席，报告事项毕，即开始讨论各案如下：

此外临时之提案：一、训练部部长刘不同提出，胡适诋毁总理学说，应请中央惩办案。决议，电呈中央惩办。（下略）

（据胡适1929年9月15日剪报）

严惩竖儒胡适

〔青岛通讯〕青市指委会，以胡适在《新月》杂志上发表《知难行亦不易》、《人权与约法》、《我们什么时候才可以有宪法》三文，对于总理学说，多有污蔑及攻击之处，特呈中央，请予严惩，以维信仰事。窃查胡适在《新月》杂志发表《知难行亦不易》、《人权与约法》、《我们什么时候才可以有宪法》三文，对于总理知难行易学说及建国大纲，多有攻击污蔑之处。窃以知难行易学说，为维系革命信仰之中心，建国大纲及实现三民主义之基础，既本党生命之中心，建国大纲及实现三民主义之基础，既本党生命所寄托，亦民众幸福之所在。方今本党甫经统治全国，正总理遗教推行之时，实不容有稍事怀疑，致根本摇动革命信仰，而影响党国初基。竖儒胡适，研究系余孽，乃敢妄肆鼓簧，殊属荒谬绝伦。若不严予惩处，何以维革命信仰，而安党国。为此备文呈请，肯饬地方行政机关，迅将胡适逮捕解京，予以严惩，庶足为污蔑总理学说者戒。

（据胡适1929年9月15日剪报）

中训部函国府　饬教部警告胡适　并令大学教员研究党义

〔本报南京电〕中央训练部根据各级党部电呈，胡适误解党义，不审社会实情，放言空论。二十一日特函国府，饬令教部加以警告，并通觞全国各大学校长，切实督率教职员，详细研究党义，以免再有与此类似之谬误见解发生。

国府另饬教部　警告胡适

〔本报南京电〕国府二十五日令行政院。为令遵事。案准中央训练部函开，奉中央常务委员会交下上海特别市执行委员会呈，内称胡适近年来，凡发言论，每多荒谬，请予严惩。查胡适年来言论，确有不合。最近《新月》杂志发表《人权与约法》、《我们什么时候才可以有宪法》及《知难行亦不易》等篇，不谙社会实际情况，误解本党党义及总理学说，并溢出讨论范围，放言空论。本党党义博大精深，自不厌党内外人士反复研究探讨，以期有所申明。唯胡适身为大学校长，不但误解党义，且逾越学术研究范围，任意攻击，其影响所及，既失大学校长尊严，并易使社会缺乏定见之人民，对党政生不良印象，自不能不加以纠正，以昭警戒。为此拟请贵府转饬教育部，对胡适言论不合之处，加以警告；并希通饬全国各大学校长，切实督率教职员，详细精研本党党义，以免再有与此类似之谬误发生等因。准此，着该院转饬教育部遵照办理。

（据胡适 1929 年 9 月 26 日剪报）

教育部训令　字第1282号

令中国公学：

为令饬事：奉行政院第三二七六号训令开：案奉国民政府训令，内开：案准中央执行委员会训练部函开：

径启者：顷奉中央常会交下上海特别市执行委员会来呈一件，内称：

案据职会属第三区党部呈称："查属区第三次全区代表大会决议案呈称市执行委员会转呈中央，咨请国民政府令饬教育部将中国公学校长胡适撤职惩处案，附具理由：

胡适借五四运动倡导新学之名，博得一般青年随声附和，迄今十余年来，非唯思想没有进境，抑且以头脑之顽旧，迷惑青年。新近充任中国公学校长，对于学生社会政治运动多所阻扰，实属行为反动，应将该胡适撤职惩处，以利青运。等因，合亟缮呈钧会，祈察核转呈等情前来。

"查胡适近年以来刊发言论，每多悖谬，如刊载《新月》杂志之《人权与约法》、《知难行亦不易》、《我们什么时候才可有宪法》等等，大都陈腐荒怪，而往往语侵个人，任情指摘，足以引起人民对于政府恶感或轻视之影响。夫以胡适如是之悖谬，乃任之为国立学校之校长，其训育所被，尤多陷于腐旧荒怪之途。为政府计，为学校计，胡适殊不能使之再长中国公学。而为纠绳学者发言计，又不能不予以相当之惩处。该会所请，不为无见，兹经职会第四十七次常会议决，准予转呈在案，理合备文呈称钧会，祈鉴核施行”等因。

查胡适年来言论确有不合，如最近《新月》杂志发表之《人权与约法》、《我们什么时候才可以有宪法》及《知难行亦不易》等篇，不谙国内社会实际情况，误解本党党义及总理学说，并溢出讨论范围，放言空论。按本党党义博大精深，自不厌党内外人士反复研究探讨，以期有所引申发明。唯胡适身居大学校长，不但误解党义，且逾越学术研究范围，任意攻击，其影响所及，既失大学校长尊严，并易使社会缺乏定见之人民，对党政生不良印象，自不能不加以纠正，以昭警戒。为此拟请贵府转饬教育部对于中国公学校长胡适言论不合之处，加以警告，并通饬全国各大学校长切实督率教职员详细精研本党党义，以免再有此类似之谬误见解发生。事关党义，至希查核办理为荷。

等由，准此，自应照办，除函复外，合行令仰该院转饬教育部分别遵照办理，等因。奉此，合行令仰该部即便分别遵照办理，此令。

等因，合行令仰该校长知照。此令。

中华民国十八年十月四日

部长 蒋梦麟

市宣传部第四十二次会议　呈请缉办胡适

上海特别市党部宣传部于昨日下午二时在市党部大礼堂开第四十二次市宣传会议，主席陈德征（鲍容代），纪录王天任。行礼如仪，讨论事项如下：

（一）新月书店出版之《新月》月刊登载胡适诋毁本党言论，曾经本会议决并请市央惩处在案；兹又故态复萌，实属不法已极，应如何分别严办案？

议决：①查封新月书店；②呈请市执委会转呈中央将中国公学校长胡适迅予撤职；③呈请市执委会转呈中央将胡适褫夺公权，并严行通缉使在党政府下不得活动。

本市六区执委会　请惩办胡适之原呈

本市第六区党部昨呈市党部文云：（上略）案据区属三分部呈称：中国公学校长胡适，迭发反动言论，尤以最近在《新月》杂志上之刊物，更属目无本党，此而不除，试问何为警顽？况胡适醉心欧化，而鄙夷三民主义，不独为本党之罪人，且属媚外败类分子之显著者，故从严惩办，实非过苛。加以胡氏身为校长，在青白旆旗之下，应如何自勉自奋，以期适合党化教育之精神。乃顽石不灵，点铁乏术。既不能沐党义之化雨，而作三民主义之推进器，又不能闭户藏拙，以期无损于社会，而乃冒执教育之牛耳，诱惑青年之思想，其为狂悖，自不待言。为此具呈，伏乞逐级转呈中央，明令规定非党员不得作校长，并对于胡氏予以严重处分，以免党危，而杜狂言，等情。据此，查胡氏别号文学教徒，其荒谬之著作，在国内使一般青年学子，受其鼓惑，入于歧途，毒害党国人才之培养；其流传国外，更使世界学者，受其催眠，阻碍三民主义之推进。此种人妖，竟见容于青天白日以党治国之宇下，而冒执教育界之牛耳，实予以党义迪启民智完成革命之危机。该分部建议非党员不得充任校长之供献，确有事实上之见地。

为特据情转呈，仰祈钧会转呈中央，从严惩处胡适，并禁其刊物流通，为消极之制裁；规定非党员不得充任校长，以谋党义普及，为积极之感化。庶于党国人才之培养，三民主义之推进，实深利赖。（下略）

（据胡适 1930 年 1 月 26 日剪报）

严厉处置反革命份子

上海特别市代表陈德征向三全会提严厉处置反革命份子案，原文如下：

理由：反革命份子包括共产党、国家主义者、第三党及一切违反三民主义之份子。此等份子之危害党国，已成为社会一致公认之事实。吾人应认定对反革命份子，应不犹疑地予以严厉处置。查过去处置反革命份子之办法，辄以移解法院为唯一归宿，而普通法院因碍于法例之拘束，常忽于反革命份子之实际行动，而以事后证据不足为辞，宽纵著名之反革命份子。因此等之结果，不独使反革命份子得以逍遥法外，且使革命者有被反革命份子之攻击危害之危险。均应确定严厉处置反革命份子之办法，俾革命势力得以保障，党国前途实利赖之。

办法：凡经省及特别市党部书面证明为反革命份子者，法院或其他法定之受理机关应以反革命罪处分之，如不服得上诉，唯上级法院或其他上级法定之受理机关，如得中央党部之书面证明，即当驳斥之。

（提议者陈德征）

（《胡适来往书信集》上）

张寿镛为罗隆基撤职事呈蒋介石文（抄件）

……今有一事上陈，即教育部饬令光华大学撤去罗隆基教员职务是也。罗隆基在《新月》杂志发表言论，意在主张人权，间有批评党治之语，其措词容有未当。唯其言论均由个人负责署名，纯粹以公民资格发抒意见，并非以光华教员资格教授学生。今旬奉部电遵照公布后，教员群起恐慌，以为学术自由将从此打破，议论稍有不合，必将蹈此覆辙，人人自危，此非国家福也。钧座宽容为怀，提议赦免政治犯，本为咸予[与]维新起见，夫因政治而着于行为者，尚且可以赦免，今罗隆基仅以文字发表意见，其事均在十九年十二月卅一日以前，略迹原心，意在匡救阙失，言者有［无］罪，闻者足戒。揆诸钧座爱惜士类之盛情，似可稍予矜全。拟情免予撤换处分，以示包容。刍荛之见，是否有当，伏乞训示祇遵。

二十，一，十九

（张寿镛，时任光华大学校长）

国民党上海市党部致新月书店公函

径启者：本部顷奉中央宣传部密令，内开："为密令饬遵事：查最近在上海出版之《新月》第二卷第六、七期载有胡适作之《新文化运动与国民党》及罗隆基作之《告压迫言论自由者》二文，诋諆本党，肆行反动，应由该部密查当地各书店有无该书出售，若有发现，即行设法没收焚毁。除分行外，合亟密令仰该部遵照严密执行具复为要"，等因，奉此。查该刊累载反动文字，早经本部查禁有案，兹奉前因，相应备函转达，即希贵局勿为代售，致干禁令，为要。此致

新月书店

中国国民党上海特别市执行委员会宣传部

［民国一九年］二月五日

国民党上海特别市第四区执行委员会训令

宣字第三十七号

令各区分部宣传委员：

为密令饬遵事：案奉市宣传部密令行字第十二号内开："案奉中央宣传部密令，饬为查禁大众文艺编缉、上海四马路现代书局发行之《大众文艺新兴文学专号》及上海新月书店出版之《人权论集》两刊物等因，奉此。除呈复并分令外，仰该员切实遵照查禁为要"，等因，奉此。除分令外，令仰该员遵照查禁为要。此令。

中华民国十九年五月三日

宣传委员赵少彝

胡适相关书信

致蒋梦麟

梦麟部长先生：

十月四日的“该校长言论不合，奉令警告”的部令，已读了。

这件事完全是我胡适个人的事，我做了三篇文字，用的是我自己的姓名，与中国公学何干？你为什么“令中国公学”？该令殊属不合，故将原件退还。

又该令文中引了六件公文，其中我的罪名殊不一致，我看了完全不懂得此令用意所在。究竟我是为了言论“悖谬”应受警告呢？还是仅仅为了言论“不合”呢？还是为了“头脑之顽旧”“思想没有进境”呢？还是为了“放言空论”呢？还是为了“语侵个人”呢？（既为“空论”，则不得为“语侵个人”；既为“语侵个人”，则不得为“空论”。）若云“误解党义”，则应指出误解那一点；若云“语侵个人”，则应指出我的文字得罪了什么人。

贵部下次来文，千万明白指示。若下次来文仍是这样含糊笼统，则不得谓为“警告”，更不得谓为“纠正”，我只好依旧退还贵部。

又该令文所引文件中有别字二处，又误称我为“国立学校之校长”一处，皆应校改。

胡适

（《胡适来往书信集》上）

致王宠惠

亮畴先生：

近日国中怪相百出，说不胜说。最可怪者，此次三全大会有上海特别市代表陈德征提的《严厉处置反革命分子案》，先生曾见过吗？

此案大意是说法院往往过于拘泥证据，使反革命分子容易漏网，故他的办法是：“凡经省或特别市党部书面证明为反革命分子者，法院或其他法定之受理机关应以反革命罪处分之。如不服，得上诉。唯上级法院或其他上级法定之受理机关，如得中央党部之书面证明，即当驳斥之。”

这就是说，法院可以不须审问，只凭党部的一纸证明，便须定罪处刑。

先生是研究法律的专门学者，对于此种提案，不知作何感想？在世界法制史上，不知哪一世纪哪一个文明民族曾经有过这样一种办法，笔之于书，立为制度的吗？我的浅识寡闻，今日读各报的专电，真有闻所未闻之感。中国国民党有这样党员，创此新制，大足以夸耀全世界了。

其实陈君之议尚嫌不彻底。审判既不须经过法庭，处刑又何必劳动法庭？不如拘捕，审问，定罪，处刑，与执行，皆归党部，如今日反日会之所为，完全无须法律，无须政府，岂不更直截了当吗？

我今天实在忍不住了，写这封信给先生。也许此信到时，此案早已通过三全大会了。司法院也大可以早点预备关门了。我们还说什么呢？

胡适　十八，三，二十六

（《胡适来往书信集》上）

致黄忏华

忏华先生：

你一月二十一日的信寄到时，已是二十三日。我因为《人权法案》已于二十二日提出，讨论已来不及，故暂等此案的命运决定时再作复书。今天报载政治会议已否决此案，焦易堂先生一定很失望，所以我写此信。

焦先生此案的本身尚不能叫我们满意（其细点今日暂不讨论），但确是一大进步。提案书中说，“人民基本权利之被侵害，往往出于国家机关之本身，又将何所依据以保障之耶？”这一句话是今日最犯忌讳的。党国当局最怕这句话，胡适之说了几乎遭通缉，焦易堂先生今日又说此话，不遭通缉，已为大幸，否决此案自是意中事，何足奇怪？

但立法院的法制委员会委员长能说出这样触犯忌讳的话，大可洗刷“御用机关”的恶名，我不能不给焦先生道贺。

此案否决之后，我们希望焦先生和他的朋友们继续努力，再提出一个更满意的《人权法案》。焦先生这次虽失败，终有多数人的同情的。请你把这点微意转达给焦先生。

谢谢你寄示原案的好意。

胡适　十九，一，二十九

（《胡适来往书信集》上）

致陈布雷——为罗隆基被捕申辩

布雷先生：

谢谢先生一月十七日的信。我非不知“此事部中既决定，当不能变更”，但我当日妄想天下事也许有更大于变更一个决定者，故不避冒昧，为先生进一解。

先生之不能赞同鄙见，我很能谅解，但我关于此事要说的话，已大致写出来了；白纸写黑字，还不能使先生认识我们，口谈如何能望得着“一个初步的共同认识”？

鄙意“一个初步的共同认识”必须建筑在“互相认识”之上。故托井羊先生带上《新月》二卷全部及三卷已出之三期各两份，一份赠与先生，一份乞先生转赠介石先生。《新月》谈政治起于二卷四期，甚盼先生们能腾出一部分时间，稍稍流[浏]览这几期的言论。该“没收焚毁”（中宣部密令中语），或该坐监枪毙，我们都愿意负责任。但不读我们的文字而但凭无知党员的报告，便滥用政府的威力来压迫我们，终不能叫我心服的。（例如先生对井羊兄提及罗隆基君被捕保释后所作文字，此文现载三卷三期，先生试一读之，其中有何挟忿诋毁的言语否？）

我本已答应十六、十七日在青岛大学讲学；因罗君事，遂去电展期。今此事既无可挽回，我拟由海道赴青岛，船期定后即须北去，恐怕不能来南京而承教益了。歉怅之至，千万请原谅。

胡适上

二十，一，十八

（《胡适来往书信集》上）

图书在版编目（CIP）数据

人权论集 / 胡适等著. – 北京: 中国长安出版社，2013.3

ISBN 978-7-5107-0586-1

Ⅰ. ①人… Ⅱ. ①胡… Ⅲ. ①政论–中国–民国–文集 Ⅳ. ①D693.092-53

中国版本图书馆CIP数据核字（2013）第054892号

（上架建议：政治 / 历史）

人权论集

胡适 梁实秋 罗隆基 著

出版：中国长安出版社

社址：北京市东城区北池子大街14号（100006）

网址：http://www.ccapress.com

邮箱：capress@163.com

发行：中国长安出版社

电话：（010）85099947 85099948

印刷：北京画中画印刷有限公司

开本：880mm × 1230mm 1/32

印张：7

字数：133千字

版本：2013年7月第1版 2013年7月第1次印刷

书号：ISBN 978-7-5107-0586-1

定价：35.00元（精）

策划营销：究竟文化
责任编辑：李　多
装帧设计：后声文化

人　　权　　论　　集
胡适　梁实秋　罗隆基　著
ISBN 978-7-5107-0586-1
9 787510 705861 >
定价：35.00元（精）